O que é Religião?

DONIZETE RODRIGUES

O que é Religião?
A visão das ciências sociais

EDITORA
SANTUÁRIO

DIREÇÃO EDITORIAL:
PE. MARCELO C. ARAÚJO

EDITOR:
AVELINO GRASSI

COORDENAÇÃO EDITORIAL:
ANA LÚCIA DE CASTRO LEITE

COPIDESQUE:
CAMILA DE CASTRO S. DOS SANTOS

REVISÃO:
BENEDITA CRISTINA NUNES DA SILVA
LEILA CRISTINA DINIS FERNANDES

DIAGRAMAÇÃO:
MAURICIO PEREIRA

CAPA:
SIMONE GODOY

COORDENADOR DA COLEÇÃO: RODRIGO PORTELLA

Cultura e Religião

Dados Internacionais de Catalogação na Publicação (CIP)
(Câmara Brasileira do Livro, SP, Brasil)

Rodrigues, Donizete
   O que é religião? A visão das ciências sociais / Donizete Rodrigues. - Aparecida, SP: Editora Santuário, 2013.

   Bibliografia.
   ISBN 978-85-369-0288-3

   1. Religião I. Título.

13-00653   CDD-200

Índices para catálogo sistemático:
1. Sociologia da religião 306.6

Todos os direitos reservados à **EDITORA SANTUÁRIO** — 2013

 Composição, em CTcP, impressão e acabamento:
EDITORA SANTUÁRIO - Rua Padre Claro Monteiro, 342
12570-000 — Aparecida-SP — Fone: (12) 3104-2000

Sumário

Introdução 9

I. Religião 13

Cristianismo 14

Budismo 23

Confucionismo 25

Taoísmo 26

Islamismo 30

Judaísmo 32

Os elementos fundamentais que caracterizam a religião 37

Igreja ortodoxa 38

A religião como Igreja 39

Religiosidade popular 40

As principais características da religiosidade popular 42

Sincretismo religioso 43

II. Totemismo e animismo 45

A questão do corpo/alma/espírito 49

Mana 52

III. O sagrado e o profano 55

Hinduísmo 56

As principais características do sagrado 59

IV. Magia e religião 61

Carisma 61

O conceito de magia 63

O fenômeno da bruxaria/feitiçaria 63

Bruxaria 65

Xamanismo 72

V. Ritos e rituais..75

Ritos de passagem 77

Batismo 77

Casamento 78

Morte 79

VI. As funções sociais da religião 83

Catolicismo 88

As principais funções sociais da religião 89

Considerações finais 91

Referências bibliográficas..............................93

Introdução

Em primeiro lugar, é importante esclarecer ao leitor que a obra aqui apresentada não é totalmente inédita – ela se apoia, fundamentalmente, em: *The God of the New Millennium: an introduction to the sociology of religion* (2002),[1] um texto que escrevi em meu ano sabático, como professor visitante (2000-2001), na Inglaterra (Universidades de Bristol e Oxford), com o apoio institucional, científico e amigo de Steve Fenton e Bryan Wilson; em três capítulos do livro *The Religious Phenomenon: an inter- -disciplinary approach* (2000),[2] em dois capítulos do livro *Em nome de Deus: a religião na sociedade contemporânea* (2004),[3] e, principalmente, na obra *Sociologia da religião: uma introdução* (2007), publicada em Portugal.

Nesse texto foram incluídos também alguns capítulos de livros e artigos que publiquei em Portugal e no exterior, em especial no *Dicionário temático da lusofonia* (Lisboa, Texto Editores, 2005) e na *Encyclopedia of New Religious Movements* (New York, Routledge, 2006).

---

[1] Este texto (*book manuscript*) recebeu uma congratulação do Prof. Gregor McLennan (Diretor do Departamento de Sociologia da University of Bristol), publicada no *Sociology Department Newsletter*, em março e abril de 2001.

[2] *Book Note* escrito por Elisabeth Arweck (King's College, University of London), no *Journal of Contemporary Religion*, vol. 16, n. 2, May, 2001.

[3] Recensões críticas da obra, escritas por Helena Vilaça (Universidade do Porto), na Revista *Crítica de Ciências Sociais*, n. 69, 2005, p. 168-170 e Ruy Blanes (Instituto de Ciências Sociais, Universidade de Lisboa), na Análise Social, vol. XI, n. 175, 2005, p. 438-441.

Para além das publicações, esta obra reflete também minha experiência de ensino na área da sociologia/antropologia da religião em diferentes países, nomeadamente: Brasil, Portugal, Espanha, França, Suécia, Inglaterra, Itália, Índia, Romênia, Canadá e Estados Unidos. O principal objetivo deste livro é abordar o complexo conceito de religião, por meio de várias ciências (nomeadamente Filosofia, Teologia, Antropologia e Sociologia), prismas teóricos e abordagens, postura científica considerada fundamental, pelos especialistas mundiais, clássicos e modernos, para se entender o conceito de religião.

Nesta obra serão abordados os diferentes conceitos de religião (e suas funções sociais), mas também os conceitos de totemismo e animismo, magia, sagrado e profano, ritos e rituais, religiosidade popular, que são imprescindíveis para o entendimento do fenômeno religioso, numa perspectiva sociológica e antropológica.

Para os leitores interessados num maior aprofundamento e atualização do tema, tive a preocupação de indicar uma vasta bibliografia complementar, que utilizei na elaboração deste livro e que o leitor encontrará nas referências ao longo do texto e na referência bibliográfica geral.

Finalmente, é importante admitir que não estive sozinho nessa tarefa: tenho partilhado ideias, conteúdos e experiências no estudo socioantropológico do fenômeno religioso com inúmeros especialistas, colegas e amigos: Steve Fenton (Universidade de Bristol), principalmente com a questão da relação entre etnicidade e religião; Peter Clarke (Universidade de Oxford, já falecido e a quem dedico este livro); David Martin (London School of Economics);[4] David Lehmann (Universidade de Cambridge); Paul Freston (Waterloo University, Canadá); Cecília Loreto Mariz (Universidade do Estado do Rio de Janeiro); Carmelo Lisón Tolosana (Real Academia de Ciências Morales y Políticas, Espanha); Ángel Espina Barrio (Universidade de Salamanca); Joaquim Carreira das Neves (Universidade Católica de Lisboa); e, até 2004, com Bryan Wilson.[5] Recentemente (2009-2010), como professor visitante no Departamento de Religião da Columbia University (New York, EUA), tive interessantes debates sobre religião com Courtney Bender, Tony Carnes e Sidney Greenfield.

Com todos eles tenho uma dívida eterna, mas é importante dizer que não são responsáveis pelas opções, omissões e falhas teórico-metodológicas e de conteúdo que podem haver neste texto; estas são de minha inteira responsabilidade.

---

[4] Meu primeiro contato pessoal com David Martin foi na Universidade de Oxford, em abril de 2001, quando fizemos parte de uma mesa-redonda sobre movimentos neopentecostais na América Latina.

[5] Conheci Bryan Wilson em 1999, na Universidade Católica de Leuven, Bélgica, início de uma curta, mas, para mim, importante relação acadêmica e pessoal. No ano letivo 2000-2001, desenvolvi na Universidade de Oxford, sob sua orientação, o projeto de investigação "Religion in Sociological Perspective", que resultou no livro *The God of the New Millennium: an Introducion to the Sociology of Religion* (2002), que ele acompanhou da primeira à última página e escreveu o prefácio. A partir de 2001, agora como Erasmus Fellow na Universidade de Bristol, tive mais dois encontros em Oxford com Bryan Wilson, o último em novembro de 2003. No início de outubro de 2004, eu estava de saída para mais uma curta estadia em Bristol e visita obrigatória ao Bryan Wilson em Oxford, mas já não tive tempo – ele faleceu no dia 9 de outubro desse ano.

I

Religião

Há uma verdade em toda a religião.
Mas é uma verdade humana,
não uma verdade divina.
(R. Firth, *Religion*, 1995, p. 215)

Conforme realçou o antropólogo Bronislaw Malinowski (1988, p. 19), "não existem povos, por mais primitivos que sejam, sem religião nem magia". Portanto, a primeira questão que se coloca no estudo teórico do fenômeno religioso e/ou de práticas religiosas é: o que é religião? Em primeiro lugar, é importante referir que, talvez pelo fato de ser um fenômeno complexo e multidimensional, não há na literatura especializada um consenso sobre a definição de religião (VERNON, 1962; YINGER, 1964, 1970; DOBBELAERE & LAUWERS, 1973; CLARKE, 2006, 2009).

De acordo com o filósofo e sociólogo alemão Georg Simmel (1858-1918), ninguém é capaz de definir religião de uma forma que seja, ao mesmo tempo, precisa e compreensiva (1905/1997, p. 101). Portanto, de acordo com o influente sociólogo norte-americano Talcott Parsons (1954, 1966, 1967) e a socióloga francesa Hervieu-Léger (1987), a definição de religião é um dos maiores desafios para a sociologia, desde o seu aparecimento como ciência.

Os sociólogos Milton Yinger (1970) e Bryan Wilson (1976) realçam que a religião, enquanto subsistema cultural, sofre um constante processo de mudança, e, portanto, a concepção do que é religião também muda ao longo do tempo. Segundo o antropólogo Raúl Iturra (2001, p. 96), "existem mil e uma formas de definir esse conceito (religião), e outras tantas formas haverá também de entendê-lo e pronunciar-se acerca dele".

De acordo com Émile Benveniste (1983), etimologicamente, um dos significados de religião é *re-ligare*, religar, unir pessoas em torno de uma fé; o que une Deus, deuses ou qualquer outra entidade sobrenatural aos homens. Como afirmou Delumeau (1997, p. 735), religião "é o laço que liga o homem ao sagrado e que o impede de se sentir perdido no meio de um mundo que nunca dominará totalmente".

Segundo Eliade (1999, p. 171), "para o mundo moderno, a religião como forma de vida e concepção do mundo confunde-se com o Cristianismo". O autor alerta ainda para o fato de que **nem todas as religiões apresentam as seguintes características: a existência de Deus (ou deuses), preceitos morais/comportamentais, mito de origem e relações com o sobrenatural**.

Cristianismo

Jesus era visto como um *Messias* que os judeus esperavam, o "ungido" em hebraico, cujo equivalente em grego era Cristo.

Paulo, romano de língua grega, foi um dos grandes responsáveis pela expansão do cristianismo. O cristianismo, nascido no seio do judaísmo, incorporou muitas de suas tradições religiosas. Adotado por Constantino como religião oficial do Império Romano, no século IV, tornou-se a religião mais influente até hoje. Com cerca de 1.800 milhões de fiéis, é a maior religião do mundo. No entanto, é importante lembrar que existem no cristianismo algumas diferenças teológicas, doutrinais e organizativas, cujas maiores denominações são a católica, a protestante e a ortodoxa. Uma dessas diferenças é a concepção do diabo no cristianismo. O próprio cristianismo, apesar da suprema valorização da divindade, concedeu ao espírito do mal um lugar em sua doutrina. Satã é uma figura essencial do sistema cristão. Segundo Durkheim, mesmo sendo um ser impuro, ele não é profano. Esse antideus é um deus, inferior e subordinado, é verdade, mas dotado de amplos poderes e, embora considerados negativos, é inclusive objeto de ritos (DURKHEIM, 1996, p. 464).

Na verdade, a definição de religião depende sempre do contexto sociocultural e histórico em que é elaborada e da perspectiva teórica que lhe dá sustentação. Então, vejamos.

O Positivismo de Saint-Simon (1760-1825) foi decisivo na formulação do esquema evolutivo social de Augusto Comte (1798-1857), desenvolvido em sua magistral obra *Cours de Philosophie Positive* (1830-1842). Comte argumentou que a religião, como manifestação da irracionalidade, foi criada durante as fases primitivas da humanidade, mas que já estava em vias de extinção, pois a sociedade moderna é não religiosa e valoriza a razão, na complexa tentativa de explicar o mundo e o homem.

Com sua *lei dos três estágios*, ele defendia que os estágios históricos "teológico" (fetichismo, politeísmo e monoteísmo) e "metafísico" (fase transitória) estavam para ser superados pelo moderno estágio "positivo" ou "científico" (COMTE, apud CRUZ, 1989; HAMILTON, 1999; FLANAGAN, 1999). Posteriormente, e como vamos ver a seguir, essas ideias de Comte influenciaram enormemente o desenvolvimento da antropologia e da sociologia, ambas nascidas no contexto do evolucionismo.

A conhecida tese do iluminista Montaigne, de que a religião era uma autêntica "projeção antropomórfica", influenciou o filósofo alemão Ludwig von Feuerbach e, posteriormente, Karl Marx, dando origem na Alemanha a uma forte corrente antirreligiosa. Como nos lembra Steffen Dix (2006), "a crítica da religião *par excellence* saiu da pena de Ludwig Feuerbach (1804-1872), que hoje é considerado como o mentor espiritual do ateísmo moderno".

L. Feuerbach, discípulo de Hegel, em *A essência do cristianismo* (1841), defendeu que o conteúdo da religião era totalmente mundano. Segundo ele, Deus é homem, portanto, toda teologia é antropologia. Deus é o sentimento que o homem tem de si mesmo, purificado de todo aspecto negativo. A religião envolve ideias e valores produzidos pelo homem, ao longo de seu desenvolvimento social e cultural, mas projetados em forças sobrenaturais ou deuses. A representação sagrada nada mais é que uma projeção do ser humano, surgida da necessidade psíquica de resolver as frustrações da vida.

Disse Ivan a seu irmão, o monge Aliocha: "quanto a mim, há tempo que resolvi não pensar se foi Deus que criou o homem ou se foi o homem que criou Deus" (DOSTOIÉVSKI, s.d., p. 348).

Feuerbach considerava ainda que a religião não proporciona a autorrealização do homem, pois é uma forma de **alienação**. Quando a humanidade perceber que os poderes e as qualidades atribuídos aos deuses são na verdade projeções de seus próprios poderes e qualidades, a religião deixará de fazer sentido e o homem tomará o rumo da história em suas mãos, sem a ajuda de Deus ou deuses.

É importante realçar que Feuerbach, por meio dessa associação básica entre religião e alienação, influenciou as ideias de Marx, Engels, Friedrich Nietzsche (1844-1900) e Freud, todos eles extremamente críticos em relação ao poder excessivo que a religião exerce na sociedade.

É preciso realçar que, embora a religião não tenha sido uma preocupação científica central na obra de Karl Marx (1818-1883), suas ideias críticas sobre esse tema são importantes para a compreensão sociológica do fenômeno religioso.

A ideia central de Karl Marx é que "foi o homem quem fez a religião, não foi a religião que fez o homem".[1] O que levava o homem a buscar Deus? Um tipo específico de estrutura social e determinadas circunstâncias econômicas, de modo que se for possível superá-las, politicamente, ou mediante o simples progresso histórico, os homens se esqueceriam da divindade, responde Marx. Ou seja, a crítica à religião constituía o primeiro passo de uma

---

[1] Marx, Karl (1843-1844). *Crítica da Filosofia do Direito de Hegel*. In: *Sobre a Religião*. Lisboa, Edições 70, 1975, p. 47-49.

prática revolucionária, a fim de transformar a sociedade, eliminando as relações econômicas, políticas e sociais que fomentam a necessidade de um Deus ilusório (WILSON, 1982; SWATOS, 1998; HAMILTON, 1999). Resumidamente, segundo Marx, a religião, como superestrutura, apresenta as seguintes características:

a) é uma projeção ideal da alienação humana;

b) sublima e facilita a aceitação resignada das situações de exploração e dependência em que vive a humanidade;

c) legitima a hegemonia capitalista, que é uma estrutura econômica imoral e injusta;

d) é uma teoria ideológica criada para tentar justificar as injustas desigualdades sociais, econômicas e políticas.

Pierre Bourdieu (1986, p. 32), analisando o ilustre sociólogo alemão Max Weber (1864-1920), afirma que "Weber está de acordo com Marx ao afirmar que a religião cumpre uma função de conservação da ordem social contribuindo para a 'legitimação' do poder dos 'dominantes' e para a 'domesticação' dos dominados".

Portanto, o marxismo atacava a religião em duas frentes: **científica** – demonstrando ao povo a irracionalidade da crença religiosa e o caráter ilusório e alienante da fé em Deus; e **política** – defendendo a revolução social como forma de eliminar a estrutura econômica desigualitária, da qual depende a religião para justificar sua existência e influência na sociedade. Portanto, acabando com a desigualdade social e econômica, consequentemente se acaba também com a principal razão de existir da religião.

Nos anos de 1960, apesar das fortes críticas contra as teses marxistas, alguns neomarxistas voltaram a se preocupar com o fenômeno religioso, considerando o materialismo histórico como o melhor modelo teórico-metodológico para explicar as crises das sociedades modernas. As teses neomarxistas influenciaram não só a antropologia e a sociologia, mas também vários movimentos laicos e religiosos; a teologia da libertação na América Latina é um dos exemplos mais conhecidos (BOFF, 1981).

Para o antropólogo inglês Sir Edward Burnett Tylor (1832-1917), ilustre ex-antropólogo da Universidade de Oxford, em sua importante obra *Primitive culture* (1871), "parece preferível colocar simplesmente como definição mínima da religião a crença em seres espirituais – seres com poderes superiores aos que possui o comum dos homens" (apud DURKHEIM, 1996, p. 11-12). A única forma que temos para manter relações com eles é tentar "convencê-los ou comovê-los, seja por meio de palavras (invocações, preces), seja por oferendas e sacrifícios.[2] E já que a religião teria por objeto regular nossas relações com esses seres especiais, só poderia haver religião onde há preces, sacrifícios, ritos propiciatórios etc.".

Como vimos, a definição substantivista de religião de Tylor valoriza a crença em seres espirituais. É verdade que essa definição antropológica é demasiada sintética e parece muito simplista. Mas, na verdade, como nos alertou

---

[2] Jean Baechler (425), seguindo as ideias de Hubert e de Mauss, afirma que "o sacrifício tem como função estabelecer a comunicação entre o mundo profano e o mundo sagrado pela intermediação de uma vítima" (p. 425).

Stephen Hunt (2002, p. 7), ela fundamenta uma ideia importante: em todos os contextos históricos e culturais, as diferentes sociedades humanas acreditam que existem forças espirituais, sobrenaturais, que exercem muitas influências ou mesmo controle sobre o mundo e sobre o próprio homem.

Posteriormente, Roland Robertson, em *The Sociological Interpretation of Religion* (1970, p. 47), atualiza a definição de Tylor afirmando que a religião "refere-se à existência de seres sobrenaturais que têm efeito no reger a vida".

O filósofo e sociólogo inglês Herbert Spencer (1820-1903), em sua conhecida obra *The principles of Sociology* (1876), também aborda a questão da relação entre religião primitiva e seres espirituais. O autor defende a ideia da dualidade humana, ou seja, que o ser humano possui corpo e alma e que, após a morte, o espírito abandona o corpo e continua a aparecer em sonhos aos membros vivos de sua sociedade. Os espíritos de antepassados que foram figuras socialmente importantes poderão eventualmente adquirir o estatuto de deuses (Bowie, 2000).

Outro famoso antropólogo clássico, o escocês Sir James Frazer (1854-1941), um ilustre ex-professor da Universidade de Cambridge, em sua conhecida obra *The Golden Bough: a study in magic and religion* (1890/1922), na qual ele tenta construir uma teoria universal de magia, religião e ciência, afirma que a magia precede a religião. Como também defendem Spencer e Tylor que a religião está baseada na crença em seres espirituais, Frazer diz que as pessoas acreditam que os espíritos podem ajudá-los nos momentos difíceis e cruciais da vida (Bowie, 2000).

Por isso, para Frazer, o conceito de religião consiste em dois elementos principais: a crença em poderes sobrenaturais e ações humanas invocando, respeitando e adorando os mesmos.

Na opinião de Evans-Pritchard (1965), após a famosa abordagem sociológica da religião feita por Fustel de Coulanges, em *La Cité Antique* (1864), provavelmente uma das contribuições teóricas mais importantes foi a do ilustre aluno de Coulanges, Émile Durkheim (1858-1917).[3] Influenciado por filósofos, teólogos e antropólogos, tais como Jean-Jacques Rousseau (1712-1778), principalmente com sua teoria de coletividade social,[4] Saint-Simon, Comte, Robertson Smith (professor da Universidade de Cambridge), Tylor e Frazer, o influente sociólogo francês Émile Durkheim escreveu sua obra-prima *As formas elementares da vida religiosa* (1912/1996), que iria marcar todos os posteriores estudos sociológicos e antropológicos sobre o fenômeno religioso.

O objetivo central de Durkheim (1996) era criar uma teoria geral acerca da natureza da religião. Fustel de Coulanges (1864) defendia que a religião é uma parte fundamental da constituição da sociedade e que existe uma relação direta, uma interdependência entre religião e estrutura social (RADCLIFFE--BROWN, 1989). Durkheim, seguindo seu mestre, considera

---

[3] Para uma sistematização e um maior aprofundamento da contribuição de Émile Durkheim no campo da sociologia da religião, ver Camille Tarot, *De Durkheim à Mauss: l'invention du symbolique* (1999).

[4] Segundo Lévi-Strauss (1986), o filósofo Rousseau foi um grande precursor da Antropologia. Sua obra *O Discurso sobre a origem e os fundamentos da desigualdade entre os homens*, publicada em 1776, pode ser considerada o primeiro tratado de Antropologia geral em língua francesa.

que toda religião está ligada à estrutura social da qual origina e explica sua manifestação e seu desenvolvimento.

Ao analisar a religião primitiva totêmica, Durkheim tenta extrair princípios estruturais comuns que permitirão compreender todas as formas religiosas, incluindo as mais complexas (SEGALEN, 2000). Segundo ele, "os primeiros sistemas de representação que o homem produziu do mundo e de si próprio são de origem religiosa. Não há religião que não seja uma cosmologia ao mesmo tempo que uma especulação sobre o divino" (1996, p. XV). Portanto, todas as religiões conhecidas foram, umas mais, outras menos, sistemas de ideias que visavam abarcar a universalidade das coisas e dar-nos uma representação total do mundo (p. 137).

Para Durkheim (1996, p. 18), religião (entendida como manifestações religiosas coletivas) é um sistema: a religião "é um todo formado de partes; é um sistema mais ou menos complexo de mitos, de dogmas, de ritos, de cerimônias".

Há, portanto, uma inter-relação entre subsistema religioso e sistema cultural total, ou seja, entre religião e sociedade (O'DEA, 1969). No que se refere à relação entre as divindades e o homem, Durkheim (1996, p. 21) tem uma frase muito interessante: "Se é verdade que o homem depende de seus deuses, a dependência é recíproca. Também os deuses têm necessidade do homem: sem as oferendas e os sacrifícios, eles morreriam".

Outra interessante ideia de Durkheim (1996, p. 12, 18) é a separação entre sistema religioso e a necessária associação com uma ideia de Deus ou deuses: "Nem todas as virtudes religiosas emanam de personalidades divinas, e há relações culturais que visam outra coisa que não unir o homem a uma divindade. Portanto, a religião vai além da ideia de deuses ou de espíritos". Existem grandes religiões nas quais a ideia de deuses e espíritos está ausente e nas quais, pelo menos, ela desempenha tão só um papel secundário e apagado. É o caso do **budismo**.

Budismo

As principais religiões sem Deus (ou deuses), todas elas do Oriente, são o **budismo**, o **confucionismo** e o **taoísmo**. Conhecidas como "religiões éticas", defendem uma relação harmoniosa entre o crente e o universo.

O príncipe hindu Sidarta Gautama, o Buda, "o iluminado", nasceu em meados do século VI a.c., num pequeno reino ao sul do Nepal. Seu pai era rajá (senhor de um território). Casou-se e teve um filho. Cansado da vida palaciana, abandonou a família e passou a viver como mendigo. Levando uma vida austera, concluiu ter encontrado o meio de atingir o **nirvana** – estado de ausência de desejos e dor.

No contexto do hinduísmo, Buda é uma encarnação (**avatar**) do deus Vishnu. Como no bramanismo, Buda reconhecia que, na reencarnação, o caráter de cada existência individual era o resultado próprio de suas ações boas e más na vida precedente (**karma**).

Só aos monges (homens e mulheres) era obrigatório o celibato. O monge budista era obrigado a observar os seguintes preceitos: não matar qualquer ser vivo, não furtar, guardar castidade, não mentir, não tomar bebidas alcoólicas, não comer em tempo proibido, não dançar, não cantar, não usar perfumes, unguentos, flores, não dormir em camas altas, não aceitar ouro ou prata.

Para os seguidores do budismo, os cinco mandamentos eram: não matar, não furtar, não mentir, não tomar bebidas alcoólicas e não cometer adultério. Nos primeiros tempos, para assegurar uma conduta irrepreensível dos monges, havia quinzenalmente exame de consciência e confissão pública. Posteriormente, exigiu-se a confissão privada, que devia ser feita no mesmo dia da falta.

Buda era muito crítico quanto aos dogmas bramânicos: "não creiais só porque o asceta ou o mestre vos disse; se vossa consciência julga que uma coisa é má e censurável, deveis repeli-la". Além disso, ele permitia o casamento entre as diversas castas.

Rejeitando os rituais hindus e o sistema de castas, seus ensinamentos principais referem que o indivíduo deve escapar do ciclo sucessivo de reencarnações mediante uma vida ascética, a autodisciplina, a meditação, o desprendimento das coisas mundanas e a renúncia a todo desejo. Seguindo essas práticas, o indivíduo atingirá o *nirvana*, a plenitude espiritual.

Mas o budismo é uma religião? Segundo Durkheim (1996, p. 20), o budismo é uma religião porque "na falta de deuses, ele admite a existência de coisas sagradas, que são as quatro verdades santas e as práticas que delas derivam". Os quatro fundamentos (ou as quatro nobres verdades) do budismo são (Durkheim, 1996, p. 12-15):

a) a dor está ligada ao perpétuo fluxo das coisas;
b) a causa da dor é o desejo;
c) a supressão do desejo é o único meio de suprimir a dor;

d) as três etapas para a supressão do desejo são: a retidão, a meditação e, enfim, a sabedoria, a plena posse da doutrina. "O budismo consiste, antes de tudo, na noção de salvação, e salvação supõe unicamente que se conheça e pratique a boa doutrina. Ultrapassadas essas três etapas, chega-se à libertação, à salvação pelo **nirvana**."

Ainda segundo Durkheim (1996, p. 13), em nenhum desses quatro princípios está envolvida a divindade. Para a obra de salvação, o budista só pode contar consigo mesmo – não tem nenhum deus para agradecer, nem para pedir auxílio. "Em vez de rezar... em vez de voltar-se para um ser superior e implorar sua assistência, concentra-se em si mesmo e medita".

Com cerca de 320 milhões de adeptos, o budismo e suas diferentes ramificações e adaptações em variados contextos étnico-culturais e religiosos estão atualmente concentrados principalmente nos seguintes países asiáticos: Tailândia, Myanmar, Laos, Taiwan, Vietnan, Butão, Tibet, Nepal, Índia, Sri-Lanka, China, Japão e Coreias.

Confucionismo

O confucionismo é uma religião criada com base nos ensinamentos do mestre chinês Kung Fu Tzu, Confúcio (541-479 a.C.), contemporâneo de Buda, que pregava a busca da harmonia entre a vida humana e a natureza, realçando o culto aos antepassados.

Taoísmo

Considerado como uma religião popular (portanto, sincrética), surgiu na China, nos séculos V e VI a.C. A base teológico-filosófica (ou doutrina de sabedoria) do taoísmo assenta-se nos ensinamentos de Lao Tse (Laosi) e de Chuang-Tzu. Esse movimento religioso fundamenta-se na premissa do Tao, a "Via", o "caminho" – o processo que se manifesta por meio das transformações perpétuas do universo.

O taoísmo "enfoca a harmonia interior, a saúde e a cura da pessoa. [...] Ele promete não apenas a redenção da culpa e do pecado, mas também uma vida longa e a imortalidade" (KÜNG, 2005, p. 123).

> No povo, os "Imortais" são objetos de cultos fervorosos. São as grandes figuras lendárias ou históricas do taoísmo, o Velho Mestre, o Mestre Celeste, os espíritos das montanhas sagradas, e toda uma multidão de santos populares, homens e mulheres (SCHIPPER, apud DELUMEAU, 1997, p. 507).

Apresentando fortes semelhanças com o confucionismo, prega o culto aos antepassados, defende a meditação, a ioga e a não violência para atingir a forma superior de vida e a imortalidade. Quanto à questão sobre religião e razão (base do pensamento científico), Durkheim (1996) afirmou que:

♦ "os homens foram obrigados a criar para si uma noção do que é a religião, bem antes que a ciência das religiões pudesse instituir suas comparações metódicas" (p. 4);

- "foi a ciência, e não a religião, que ensinou aos homens que as coisas são complexas e difíceis de compreender" (p. 9);
- "uma noção tida geralmente como característica de tudo o que é religioso é a de sobrenatural. Entende-se por isso toda a ordem de coisas que ultrapassa o alcance de nosso entendimento; o sobrenatural é o mundo do mistério, do incompreensível. A religião seria, portanto, uma espécie de especulação sobre tudo o que escapa à ciência" (p. 5);
- "para que se pudesse dizer que certos fatos são sobrenaturais, era preciso já ter o sentimento de que existe uma ordem natural das coisas, ou seja, que os fenômenos do universo estão ligados entre si segundo relações necessárias chamadas leis. Uma vez adquirido esse princípio, tudo o que infringe essas leis deveria necessariamente aparecer como exterior à natureza e, por consequência, à razão [que] é uma conquista das ciências positivas" (p. 7).

Refletindo sobre a evolução do pensamento religioso, Durkheim (1996, p. 65-66) disse o seguinte:

> Não há aspecto da natureza que não seja capaz de despertar em nós essa sensação esmagadora de um infinito que nos envolve e domina. E é dessa sensação que teriam derivado as religiões.

Portanto, segundo essa afirmação, a natureza foi a base do pensamento religioso. Também como afirmou o teólogo brasileiro Rubem Alves (1996, p. 75, 19), na esteira de Freud (1962), a religião surge "da necessidade que têm os homens de se defender da força esmagadoramente superior da natureza". Por isso, "não foi sem razão que nos referimos à religião como a mais fantástica e pretensiosa tentativa de transubstanciar a natureza".

Segundo Durkheim (1996), enquanto as sociedades primitivas não ultrapassarem a fase do totemismo, os diferentes totens desempenharão exatamente o papel que caberá mais tarde às personalidades divinas.

Baseando-se essencialmente em estudos antropológicos sobre sociedades primitivas (em abono da verdade, na altura ainda muito especulativos) e nas ideias dos antropólogos clássicos (marcadamente evolucionistas) McLennan, Robertson-Smith, Tylor, Morgan, Frazer (principalmente em sua obra *Totemism and Exogamy*, 1910) e Lowie (*Primitive Society*), Durkheim, em sua importante obra *As formas elementares da vida religiosa* (1996), concluiu que o totemismo representava a forma mais arcaica de religião.

Em função da enorme importância do totemismo para a compreensão da estrutura cultural e social das sociedades primitivas, esse tema foi tratado posteriormente por vários antropólogos: Boas (1858-1942), Rivers (1864-1922), Firth, Radcliffe-Brown, Malinowski, Evans-Pritchard, van Gennep, Kroeber, Fortes, Lévi-Strauss (ver, por exemplo, *O totemismo hoje*, 1986), e outros, mas também por Freud, principalmente em sua obra antropológica *Totem e tabu*, publicada em 1912.

Voltaremos a discutir os conceitos de totemismo e animismo no capítulo II.

Após o totemismo e o animismo, quando surge o politeísmo, cada um dos deuses fica responsável (enquanto agente causador e explicador) por uma determinada categoria dentre os fenômenos naturais (DURKHEIM, 1996, p. 151-152). Ainda segundo Durkheim (1996, p. 476), o pensamento científico é apenas uma forma mais perfeita do pensamento religioso. É natural, portanto, que o pensamento religioso perca progressivamente importância face ao pensamento científico, à medida que este vá tornando--se mais apto, mais consistente e eficiente como sistema explicativo do mundo. Ou seja, oriunda da religião, a ciência tende a substituí-la em tudo o que diz respeito às funções cognitivas e intelectuais.

Mas abandonemos por um momento os importantes ensinamentos de Durkheim sobre o conceito de religião e deixemos falar outros clássicos da sociologia (da religião). Para o alemão Rudolf Otto (1917/1992, p. 22, 142) – filósofo, teólogo e historiador das religiões –, em sua obra clássica *Das Heilige (O sagrado)*, religião é a experiência social do sagrado, vivido emocionalmente entre dois polos opostos de medo/terror e fascinação; no caso do medo/terror, é o sentimento do *mysterium tremendum*. Isso é devido ao fato de que, não sendo propriamente um *mysterium horrendum*,[5] como é o caso do demônio, até os deuses são em alguns momentos maus, coléricos. Alguns exemplos? Os deuses do panteão hindu e o Deus, o "numinoso" das grandes reli-

---

[5] Para Rudolfo Otto (1992, p. 39), [*mysterium*] "significa algo de secreto como tudo o que nos é estranho, incompreendido e inexplicável [...] o conceito de mistério designa [...] o que está escondido, a saber, o que não é manifesto, aquilo que não é nem concebido, nem compreendido, o extraordinário" (p. 22).

giões abraâmicas (ARNALDEZ, 1995; DELUMEAU, 1996; VALLET, 1996), judaísmo, cristianismo (TINCQ, 1999) e **islamismo**.

Islamismo

O islamismo, que surgiu no século VII, por meio dos ensinamentos do profeta Maomé (570-632), com cerca de 900 milhões de seguidores, é hoje a segunda maior religião do mundo. Do total dos muçulmanos, 90% é do ramo sunita (seguidores dos primeiros califas, sucessores de Maomé) e o restante do ramo xiita (seguidores de Ali, genro de Maomé, que se opôs aos califas, sucessores do Profeta). Os maiores países muçulmanos do mundo são: Indonésia, Paquistão, Bangladesh e Índia.

Há dois principais dogmas no islamismo:

a) "Ele é Deus (Alá) e não há outro Deus senão ele". Negar a unicidade de Deus é o único pecado sem remissão.

b) "Muhammad é o enviado de Deus." Maomé é o profeta, o escolhido por Deus para transmitir a palavra dele à humanidade. O Alcorão é o livro da "revelação" da palavra de Deus ao profeta Maomé.

Os fundamentos básicos do Islã são os cinco deveres religiosos:

1. Recitação do credo islâmico ("só Alá é Deus e Maomé seu profeta").

2. Após uma higiene cerimonial, rezar as orações formais cinco vezes ao dia, virado para a cidade santa de Meca, na Arábia Saudita.

3. Observância do *Ramadã*, um mês de jejum durante o qual não é permitido ingerir comida e bebida, nem manter relações sexuais, do nascer ao pôr do sol.

4. Dádiva de esmolas aos pobres, que normalmente é canalizada ao Estado, em forma de impostos.

5. Cada crente deve fazer, pelo menos uma vez na vida, uma peregrinação até Meca.

Resumidamente, o islamismo é uma doutrina religiosa, fundada por Maomé (571- 632), segundo a qual Alá é o único Deus e Maomé seu profeta.

Segundo Vakil (2003, p. 436), "o ritmo de vida calendaricamente revolve semanalmente em torno da sexta-feira, quando o muçulmano tem de se deslocar à mesquita, e anualmente em termos do jejum obrigatório do mês de Ramadã e das duas grandes festas comunitárias e de família, o *Id ul-Fitre* e o *Id ul-Adha*, que comemoram o fim do Ramadã e o sacrifício de Abraão. Um segundo elemento, que em condição de minoria faz sobressair a consciência de diferença, é o do regime alimentar que restringe o consumo de carne à carne *halal* e proíbe as bebidas alcoólicas. Em termos do ciclo de vida, são o casamento, a criação e educação dos filhos, e a morte que constituem outros tantos elementos de afirmação da diferença religiosa na vida em sociedade. Para alguns, por último, a peregrinação até Meca".

Podemos utilizar como exemplo o **judaísmo**, que apresenta em sua liturgia a seguinte oração:

> Faz descer, Javé nosso Deus, o teu terror sobre todas as criaturas e um temor misturado de respeito diante de ti [...] a fim de que todas as tuas criaturas te temam e todos os seres se inclinem perante ti (Otto,1992, p. 47).

Judaísmo

O judaísmo é a religião criada pelo povo hebreu (grupo étnico) cerca de dois mil anos antes do nascimento de Jesus Cristo. É considerada a primeira grande religião monoteísta, com origem em Abraão, cuja fundamentação teológica é o Antigo Testamento. As outras duas religiões abraâmicas são o cristianismo (Novo Testamento) e o islamismo (Alcorão).

Até a criação do Estado de Israel, depois da Segunda Guerra Mundial, não havia nenhum país onde o judaísmo fosse a religião oficial.

Para o filósofo alemão e historiador das religiões Joachim Wach (1898-1955), a religião é caracterizada por três níveis principais (1944):

a) **teorético** (sistema de crenças);
b) **prático** (sistema de rituais);
c) **social** (sistema de relações sociais).

Transferindo a questão para o campo da psicologia e da psicanálise, para Sigmund Freud (1856-1939), toda religião nada mais é que uma regressão a estágios infantis. Ou seja, sempre que o homem enfrenta situações limites de medo e angústia, sente-se ameaçado por catástrofes naturais, por um futuro incerto, pelo temor da morte etc., recorre a um Deus onipotente, na figura de um Pai. Portanto, genericamente falando, enquanto para Durkheim Deus é a sociedade, para Freud, Deus é o pai (EVANS-PRITCHARD, 1978).

M. Yinger (1970) apresenta uma definição funcionalista de religião: um sistema de crenças e práticas religiosas que une as pessoas a uma realidade transcendental e as ajuda a lidar com os problemas fundamentais da existência humana. Para o sociólogo O'Dea (1969, p. 139, 14),

> através de seus aspectos cognitivos e emocionais, a religião apresenta um sentido global de orientação e sentido para a vida humana, e oferece os mecanismos para um ajustamento a aspectos da situação humana que estão além do controle do homem [...] a religião é essencialmente uma forma de cultura, na medida em que participa desse esforço de reduzir incertezas, compensar a impotência humana e reduzir frustrações da escassez e da distribuição de recursos.

Atualizando o discurso de O'Dea (1969, p. 104-105), para o antropólogo Clifford Geertz (1978), a religião é um sistema cultural,

> (1) um sistema de símbolos que atua para (2) estabelecer poderosas, penetrantes e duradouras disposições e motivações nos homens através da (3) formulação de conceitos de uma ordem de existência geral e (4) vestindo essas concepções com tal aura de fatualidade que (5) as disposições e motivações parecem singularmente realistas.

Para o sociólogo Peter Berger (1985, p. 64), que está particularmente interessado em compreender a relação entre religião e construção social do mundo, religião é "o estabelecimento, mediante a atividade humana, de uma ordem sagrada de abrangência universal, isto é, de um cosmos sagrado que será capaz de se manter na eterna presença do caos".

Para Danièle Hervieu-Léger (1987, p. 13), toda religião, todo universo simbólico-religioso implica uma mobilização específica da memória coletiva e de sua transmissão. A religião é um modo de construção social da realidade, um sistema de referências ao qual os atores sociais recorrem espontaneamente para refletir o universo (contexto social/cultural) no qual eles vivem.

Anthony Giddens (1997, p. 541) define religião como um conjunto de **símbolos** (sinais, objetos identificatórios) que invocam **sentimentos de reverência ou temor**, ligados a **rituais** (ou cerimônias) realizados por uma comunidade de crentes.

Segundo Pastor Ramos (1992, p. 26, 23), religião é a "crença sobrenatural que a sociedade humana admite e celebra, sem provas ou evidências empíricas sobre sua existência"; é ainda um "conjunto inter-relacionado de doutrina, sentimento e rito socialmente institucionalizado".

Para o antropólogo Raúl Iturra (2001, p. 96), religião é um "conjunto de abstrações em ideias, rituais e entidades espirituais que os homens elaboram a partir de sua experiência histórica".

Como vimos, na literatura antropológica e sociológica, há duas abordagens predominantes na definição de religião: **substantivista** e **funcionalista** (ver quadro a seguir). Resumidamente, vejamos as principais distinções entre elas (LUCKMANN, 1973; BERGER, 1974; LAMBERT, 1991; SWATOS, 1998).

1. Definição substantivista: é mais reflexiva, valoriza a questão "o que a religião é?", quais seus fundamentos socioantropológicos, filosóficos e teológicos. Está preocupada com o conteúdo, ou seja, com a essência supostamente permanente em toda a religião.

2. Definição funcionalista: é mais pragmática, tenta explicar "o que a religião faz", ou seja, como subsistema cultural, que papel a religião desempenha na sociedade. Valoriza as interações que se estabelecem entre a religião e o contexto social específico.

Peter Berger (1985) ajuda-nos a compreender melhor a distinção entre essas duas categorias de conceitos de religião.

a) Definição substantivista: religião é a tarefa humana pela qual se estabelece um **cosmos sagrado**.

b) Definição funcionalista: religião é uma arrojada intenção humana de conceber o universo inteiro como humanamente significativo.

Abordagem	Teóricos clássicos	Teóricos modernos
Substantivista	Tylor, Simmel, Troeltsch, Weber, Otto	Van der Leeuw, Eliade, Wach, Martin, Berger, Robertson, Wilson, Glock, Stark
Funcionalista	Comte, Marx, Weber, Durkheim, Lévy-Bruhl, Freud	Malinowski, Radcliffe-Brown, Parsons, Yinger, Bellah, Geertz, Berger, Luckmann

Quadro 1: Principais abordagens na definição de religião.

Como conclusão, achei pertinente, com ajuda de Yinger (1970), Wilson (1992) e Hunt (2003), sistematizar as principais características da religião, independentemente dos contextos histórico, social e cultural, e incluindo os critérios utilizados por ambas as definições de religião, substantivista e funcionalista.

36

Os elementos fundamentais que caracterizam a religião

1. Existência de agentes/entidades sobrenaturais que criaram e/ou regulam o mundo natural e a ordem social.

2. Em qualquer tempo (passado, presente, futuro) há uma efetiva intervenção sobrenatural nos assuntos terrenos, ou seja, as entidades sobrenaturais comandam a história, o destino da humanidade.

3. Há procedimentos de reverências e súplicas por meio das quais o grupo solicita proteção das forças sobrenaturais. O grupo acredita que a vida e a morte (e o que acontece depois da morte) dependem das relações estabelecidas entre o grupo e suas entidades sobrenaturais.

4. Crenças, rituais, ações e comportamentos individuais ou coletivos, regras sociais e morais, são prescritos e legitimados pela tradição religiosa – entende-se por tradição religiosa ideias e crenças transmitidas por meio do tempo e/ou revelação divina.

5. Expressão de obediência, gratidão e devoção em ocasiões especiais (cerimônias, culto), frequentemente na presença de representações simbólicas dos agentes sobrenaturais.

6. Linguagem, objetos, símbolos, espaços físicos, edifícios são elementos particularmente identificados com o sobrenatural e podem, eles próprios, tornar-se objetos de reverência/sagrado.

7. Há ocasiões específicas de celebração, romarias, eventos que marcam e comemoram episódios importantes: vida/morte de divindades, profetas ou mestres. Nessas

ocasiões há uma reprodução dos ensinamentos, sentido de comunidade e reconciliação entre os devotos.

8. Há classes de "especialistas" legitimados que coordenam os objetos e espaços sagrados, as escrituras, doutrinas, os rituais. São os "mentores" ou líderes religiosos.

9. *Corpus* teorético: sistematização da doutrina, legitimação do conhecimento e concepção do mundo.

10. Dogma, ensinamento, verdade revelada, indiscutível: o crente não pode colocar em causa os dogmas de sua Igreja, de sua religião, deve apenas segui-los, sem questionamento.

Há ainda dentro da problemática da definição do que é religião, no contexto do cristianismo, uma ideia que relaciona, direta ou indiretamente, o conceito de religião com o de **Igreja**, seja ela católica, **ortodoxa** ou protestante. Vejamos alguns exemplos:

Igreja ortodoxa

Segundo Olivier Clément (apud Delumeau, 1997), "a Igreja Ortodoxa [...] conta com cerca de 200 milhões de batizados [...] e é uma das três expressões mais importantes do cristianismo". A Igreja ortodoxa é, na verdade, uma comunhão de Igrejas – a de Constantinopla, Alexandria, Moscou e Igrejas nacionais (Sérvia, Romênia, Moldávia, Bulgária, Grécia) são as principais.

A religião como Igreja

Conforme já escrevi em outro texto (RODRIGUES, 2000, p. 59), a religião como subsistema cultural é composta por:

a) **dogma** (conjunto de verdades indiscutíveis);
b) **moral** (normas de comportamento);
c) **liturgia** (ritual, culto).

É evidente que essa definição de religião se refere, principalmente, aos elementos que caracterizam a prática religiosa institucionalizada, organizada na forma de Igreja. No entanto, a definição de Durkheim (1996, p. 32), retomada depois por Karel Dobbelaere (2002), é a mais elucidativa:

> Uma religião é um sistema solidário de crenças e de práticas relativas a coisas sagradas, isto é, separadas, proibidas, crenças e práticas que reúnem numa mesma comunidade moral, chamada igreja, todos aqueles que a elas aderem.

Mas o que é Igreja para Durkheim?

> É a comunidade moral formada por todos os crentes de uma mesma fé, tanto os fiéis como os sacerdotes (p. 30), onde os membros estão unidos por representarem da mesma maneira o mundo sagrado e por traduzirem essa representação comum em práticas idênticas (1996, p. 28).

Como vimos, a definição de Durkheim centra-se, fundamentalmente, na função social da religião – como coisa coletiva, é um elemento de integração social, um subsistema de crenças e práticas que unem a comunidade.

Religiosidade popular

Uma forma de definir religião popular ou religiosidade popular é compará-la com a "religião formalizada", com doutrina, organização eclesial e clero profissional. A religiosidade popular, ao contrário, caracteriza-se por uma crença ou doutrina pouco definida, fraca e principalmente por ausência de organização eclesial e um maior protagonismo laical.

Segundo Durkheim (1996, p. 54), "o cristianismo viveu sempre, de forma indissociável, ligado a manifestações mágicas e supersticiosas, que jamais conseguiu erradicar da mentalidade e das práticas locais". Em muitos contextos sociais, as práticas e as superstições populares estão misturadas com os dogmas oficiais das Igrejas/ religiões instituídas. De acordo com os meios e as circunstâncias, tanto as crenças como os ritos, preconizados pelas instituições religiosas oficiais, são praticados e sentidos de maneiras diferentes.

Portanto, é pertinente realçar ainda que o patrimônio simbólico-religioso oficial (que o sociólogo italiano Enzo Pace considera como sistema), com seus dogmas, sua ortodoxia e organização formal, não é facilmente compreensível pelo povo; desse modo, a religiosidade popular, como subsistema, é uma interpretação própria que o grupo social faz aos ensinamentos da religião ou Igreja dominante; é a forma como a população vive e expressa "sua religião" no dia a dia (Pace, 1987).

Por isso é que, muitas vezes, a Igreja oficial dominante tem uma tendência para criticar e não aceitar as práticas religiosas populares, pois estas apresentam misturas heterodoxas nas quais se confundem o folclore, a superstição, a magia e a fé religiosa original propriamente dita.

Segundo Champion (1997), na esteira do filósofo e teólogo alemão Ernest Troeltsch (1865-1923), Max Weber e Pierre Bourdieu, a religião popular, de modo geral, é desprovida de sentido histórico e ignora o trabalho de exegese dos textos sagrados oficiais em favor de uma apropriação prática e imediatista. Existe na religião popular uma memorização do escrito, e a transmissão de suas experiências religiosas (milagres, sinais, aparições) se faz de forma oral no seio do grupo ou da sociedade. Nesse contexto, a dimensão mágico-religiosa, a questão das imagens sagradas, da doença e do curandeirismo são fatores de extrema importância.

Para concluir, vejamos o resumo das principais características da religiosidade popular (Pace, 1987; Ramos, 1992).

As principais características da religiosidade popular

a) Fundamenta-se em **tradições populares** que compreendem valores, normas de conduta e rituais próprios.

b) É uma **prática sincrética** no âmbito das grandes religiões e Igrejas históricas mundiais.

c) Há tensões ou divergências devido aos interesses distintos das religiões e Igrejas majoritárias e **ausência ou pouca legitimação** oficial da sociedade, mas principalmente por parte das elites eclesiástica e intelectual.

d) Seu **patrimônio simbólico-religioso** está, direta ou indiretamente, relacionado ao da religião/Igreja oficial, ou seja, a maioria dos elementos simbólicos e rituais é coincidente: festas, objetos religiosos, música, oferendas, imagens, ornamentos, orações, lugares sagrados, datas religiosas, dogmas etc.

Mas vamos ver um exemplo de religiosidade popular num contexto cultural e religioso completamente diferente do ocidental, predominantemente cristão,[6] o islamismo.

Em novembro de 1999, nesta que foi minha primeira (e até agora a única) experiência etnográfica num contexto islâmico, após ter obtido a permissão de participar numa cerimônia religiosa na mesquita principal da cidade

---

[6] É de realçar aqui o "predominantemente", visto que a Europa, principalmente o Reino Unido e a França, têm hoje uma enorme comunidade de muçulmanos. Para uma ideia mais concreta sobre a situação da expansão do islamismo no espaço europeu ocidental, ver o número especial da revista *Social Compass*, vol. 46, n. 3, september, 1999.

de Abu Dhabi (Emirados Árabes Unidos), conversei longamente com o líder religioso, o teólogo Mohammad Abdullah. Este, entre outras questões religiosas, afirmou que, excetuando os países islâmicos fundamentalistas (nesta altura, apesar do fundamentalismo/radicalismo religioso de alguns grupos ou países islâmicos, nunca o antropólogo e o entrevistado poderiam imaginar que o atentado de 11 de setembro de 2001 fosse possível), têm ocorrido grandes mudanças na teologia e na prática islâmicas, principalmente nos países árabes com maior influência da cultura ocidental, nos países do sudeste asiático e nos países africanos subsaarianos, marcados por um forte **sincretismo religioso**. Ainda segundo ele, os cinco pilares do islamismo são importantes porque, apesar das grandes diferenças raciais e culturais, são os princípios unificadores da religião e de todos os muçulmanos.

Sincretismo religioso

É um complexo processo cultural, com influências recíprocas de diferentes culturas (ocidentais e não ocidentais), religiões e práticas religiosas de variadas origens, desenvolve-se entre pessoas, grupos ou sociedades que se encontram em diferentes graus de dependência recíproca, de aceitação ou negação, consciente ou inconscientemente, e conduz a uma simbiose cultural-religiosa.

No seio do islamismo negro africano e segundo o sociólogo senegalês Laleye (1997, p. 677), a coberto de um comportamento exterior conforme os "cinco pilares" do islã (profissão de fé, oração, esmola, jejum e peregrinação a Meca), numerosos africanos continuam práticas ancestrais ligadas ao nascimento, à circuncisão, ao casamento, à consulta de adivinhos, à proteção contra o mal, em especial contra a feitiçaria e a morte.[7]

Discutidos os conceitos de religião e religiosidade popular, vejamos agora os conceitos antropológicos de totemismo e animismo.

---

[7] Para uma introdução às práticas religiosas africanas, ver Anne Stamm, *Las Religiones Africanas* (1995).

II
Totemismo e animismo

Conforme já foi referido, para uma compreensão melhor do que é religião, é necessária a discussão de outros conceitos afins, como totemismo e animismo.

No contexto do evolucionismo social, segundo Durkheim (1996), Mac Lennan (em *The worship of animal and plants*, 1869) considerava o totemismo como a primeira forma religiosa e ele foi o primeiro antropólogo a tentar relacionar o totemismo com a história geral da humanidade. Mac Lennan "procurou mostrar não apenas que o totemismo era uma religião, mas que dessa religião derivou uma grande quantidade de crenças e de práticas que se encontram em sistemas religiosos bem mais avançados", realçou Durkheim (1996, p. 83).

Outro antropólogo, Edward Taylor (1832-1917), na obra clássica *Primitive culture* (1871) e *Remarks on Totemism* (1899), também considerava o totemismo como a religião mais primitiva do mundo. Para ele, o totemismo seria uma forma particular de culto dos antepassados; a ideia da transmigração das almas é que teria servido de transição entre esses dois sistemas religiosos.

Lewis Morgan, em *Ancient society* (1877), dá também uma grande importância ao estudo das manifestações religiosas primitivas, demonstrando que o totemismo é a religião comum na generalidade das tribos indígenas da América.

Em 1887, como as informações eram já suficientemente numerosas e significativas, Sir James Frazer (1854-1941), na obra *Totemism and exogamy* (1910), tenta sistematizar todo o conhecimento disponível sobre esse assunto, incluindo sociedades tão diferentes como as grandes civilizações históricas (Egito, Grécia) e as tribos indígenas da América e da Austrália. No entanto, Frazer não considera o totemismo uma religião, pois nele não há nem seres espirituais, nem preces, nem invocações, nem oferendas, elementos fundamentais para a definição de um sistema religioso. Para esse antropólogo, totemismo é apenas um sistema mágico e não a forma religiosa mais antiga de religião, como defenderam Mac Lennan e Taylor.

Mas antes de discutir o que é totemismo, propriamente dito, é pertinente saber, em primeiro lugar, o que é **clã**, pois, segundo Goldenweiser (referido por Lévi-Strauss, 1986), esses dois conceitos estão diretamente associados.

Segundo a definição proposta por Durkheim (1996, p. 96-99), os indivíduos que fazem parte do mesmo clã se consideram unidos por um laço de parentesco, digamos assim simbólico, pois, não havendo necessariamente relações definidas de consanguinidade, são parentes pelo simples fato de terem o mesmo nome, ou seja, consideram-se fazendo parte de uma mesma família, simplesmente porque são coletivamente designados pela mesma palavra. No entanto, embora não sendo parentes consanguíneos, reconhecem uns em relação aos outros deveres idênticos: assistência, solidariedade, fidelidade, luto, exogamia etc.

O nome que serve para designar um determinado clã chama-se **totem**. Mas o totem não é apenas um nome; é um emblema, uma marca distintiva. O totem do clã é também o de cada um de seus membros. Cada clã tem seu totem particular. Não tendo uma base geográfica, todos os indivíduos que têm o mesmo nome, não importa como estejam distribuídos pelo território tribal (ou mesmo para além dele), pertencem ao mesmo clã e mantêm, uns com os outros, as mesmas relações de parentesco (simbólico).

Normalmente, os objetos que servem de totens pertencem ao reino vegetal e principalmente ao reino animal, mas também pode ser um antepassado em particular e/ ou um grupo de antepassados que servem diretamente de totens. De qualquer forma, são sempre coisas ou seres puramente mitológicos.

Mas os seres totêmicos não são os únicos que são sagrados. Existem seres reais que também são objetos de ritos em virtude das relações que mantêm com o totem: são os membros da espécie totêmica e os do clã. Normalmente, o papel profano dos vegetais e dos animais é servir de alimento; desse modo, o caráter sagrado da planta ou do animal se reconhece pelo fato de ser proibido comê-los (DURKHEIM, 1996, p. 123, 156).

O indivíduo que tem o nome de um determinado animal, por exemplo, o canguru, tem uma dupla natureza, pois nele coexistem dois seres, um ser humano e um animal. Nesse caso, a pessoa chama a si própria de canguru. Ou seja, o indivíduo participa da natureza de seu animal totêmico; tem suas qualidades, assim como também seus defeitos.

Para explicar essa complexa dualidade, as sociedades primitivas criaram os *mitos*. Nesse contexto, embora com algumas variações, todos os mitos são construídos segundo o mesmo plano: estabelecer relações genealógicas e de parentesco entre o indivíduo e o animal totêmico (p. 130). Outra questão importante é que o indivíduo, diante do animal ou da planta cujo nome é o seu, não tem uma atitude como a do fiel diante de seu deus, pois suas relações são de dois seres situados no mesmo nível e de igual valor (p. 134).

O culto particular de um clã goza de uma grande autonomia. Mas, por outro lado, todos esses cultos são solidários uns com os outros e a religião totêmica é, assim, o sistema complexo formado pela reunião de todos eles (p. 154).

Resumindo, as três categorias de coisas sagradas no totemismo são: as representações figuradas do totem, a planta ou o animal que dá nome ao clã – e cujo aspecto essa representação (emblema) reproduz – e os membros do clã (p. 138).

Na análise do totemismo australiano, Durkheim (1996) encontrou uma forma específica de solidariedade tribal que ligava cada indivíduo com seu clã e que se expressava simbolicamente com um nome de animal ou planta. Todas as pessoas a quem se aplicava tal nome formavam um grupo específico de parentesco. O totem, que pode ser um objeto ou um ser vivo, era uma espécie de energia difusa que permeava todo o clã, mantendo-o unido. Dada a importância do totem, este era declarado "tabu", ou seja, intocável, sagrado.

Durkheim achava que todas as religiões do mundo surgiram de uma experiência semelhante a dos clãs totêmicos, ou seja, que as causas originais de qualquer religião não são transcendentais ou reveladas, mas meramente sociais. Era um esforço realizado por toda a sociedade para fazer com que seus membros aceitassem os valores, as normas sociais e comportamentais, para assim poder manter a unidade social (RAMOS, 1992, p. 53-57).

Foi Edward Tylor que, em *Primitive culture* (1871), desenvolveu, em seus traços essenciais, a teoria animista: "para o homem primitivo, tudo é dotado de uma alma, e essa crença fundamental e universal não só explicaria o culto dos mortos e dos antepassados, mas também o nascimento dos deuses" (ELIADE, 1999, p. 18). Posteriormente, a teoria do animismo foi retomada por Herbert Spencer, em *The principles of Sociology* (1876).

A questão do corpo/alma/espírito

Assim como não há sociedade sem religião, também não existe nenhuma, por mais primitiva que seja, que não apresente um sistema de representações coletivas relacionadas à alma, a sua origem, a seu destino (DURKHEIM, 1996, p. 252).

Segundo Durkheim (1996, p. 36),

> existe em cada um de nós um duplo, um outro, que, em determinadas condições, tem o poder de deixar o organismo onde reside e sair a peregrinar ao longe. [...] Esse duplo é a alma. E tudo indica que, num grande número de sociedades, a alma foi concebida como uma imagem do corpo; acredita-se inclusive que ela reproduz as deformações acidentais do corpo, como as resultantes de ferimentos e mutilações.

> Enquanto o corpo (matéria) deixa de viver e dele não restam mais traços visíveis, a alma (não matéria) continua a existir; num mundo à parte, a alma leva uma existência autônoma do corpo (p. 254).

Ainda segundo Durkheim (1996),

> a característica por excelência da alma é ser concebida como o princípio interior que anima o organismo; é ela que o move, que produz sua vida, de modo que, quando dele se retira, a vida se detém ou é suspensa. É no corpo que ela tem sua residência natural, pelo menos enquanto existe [...] enquanto a alma encontra-se essencialmente no interior do corpo, o espírito passa a maior parte de sua existência fora do objeto que lhe serve de substrato (p. 56-67). A alma não é um espírito, ela está presa a um corpo do qual só excepcionalmente sai. [...] O espírito, ao contrário, embora tendo geralmente por residência uma coisa determinada, é capaz de afastar-se dela à vontade e o homem só pode entrar em relações com ele observando precauções rituais. Portanto, a alma só podia tornar-se espírito com a condição de transformar-se [...] e a morte produziu naturalmente essa metamorfose.

Segundo Max Weber, em *Sociología de la Religión* (1997, p. 67), a alma é algo diferente do corpo. O espírito, que é diferente de alma, é algo invisível, impessoal, porém dotado de uma espécie de vontade própria, e pode entrar e sair como bem entender de um ser humano ou objeto. Uma vez surgido um reino de almas, de demônios e deuses, com existência sobrenatural, ou seja, não contatável no cotidiano, ele somente é acessível por meio de rituais, símbolos e práticas mágicas.

Com a morte ocorre a separação da alma e do corpo e

> eis, portanto, espíritos desligados de todo organismo e soltos livremente pelo espaço. Como seu número aumenta com o tempo, forma-se, ao lado da população viva, uma população de almas. Essas almas de homens têm necessidades e paixões de homens; procuram, portanto, misturar-se à vida de seus companheiros de ontem, seja para ajudá-los, seja para prejudicá-los, conforme os sentimentos que conservaram por eles... essas almas podem, com efeito, graças a sua extrema fluidez, penetrar nos corpos e causar todo tipo de desordens, ou então, ao contrário, aumentar sua vitalidade (Durkheim, 1996, p. 37-38).

Portanto, segundo ainda Durkheim (1996, p. 38-39), é preciso fazer um pacto com as almas, pois se elas determinam

> a saúde e a enfermidade, os bens e os males, é prudente obter sua benevolência ou apaziguá-las quando estão irritadas: daí as oferendas, os sacrifícios, as preces, em suma, todo o conjunto das observâncias religiosas. Se é a morte a responsável por essa transformação, é aos mortos, em última instância, às almas dos antepassados, que se teria dirigido o primeiro culto da humanidade. Assim, os primeiros ritos teriam sido mortuários; os primeiros sacrifícios teriam sido oferendas alimentares destinadas a satisfazer as necessidades dos defuntos; os primeiros altares teriam sido túmulos.

E. Durkheim (1996, p. 51) utiliza o exemplo dos melanésios: eles corpo na morte; ela muda então de nome e torna-se [...] um tindalo... Por outro lado, existe entre eles um culto das almas dos mortos: dirigem-lhes preces, invocações, fazem-lhes oferendas e sacrifícios. Mas nem todo tindalo é objeto dessas práticas rituais; somente têm essa honra os que emanam de homens aos quais a opinião pública atribuía, em vida, uma virtude muito especial [...] o mana [...] um sacerdote, um feiticeiro, uma fórmula ritual têm o mana, assim como uma pedra sagrada ou um espírito. Portanto, os únicos tindalos aos quais são prestadas homenagens religiosas são aqueles que [...] já eram [...] seres sagrados.

Segundo Codrington (citado por DURKHEIM, 1996, p. 197),

os melanésios creem na existência de uma força absolutamente distinta de toda força material, que age de todas as formas, seja para o bem, seja para o mal, e que o homem tem o maior interesse em possuir e dominar. É o **mana**.

O mana está em toda parte. Todas as formas da vida, todas as ações (e suas consequências), seja dos homens, dos seres vivos ou dos simples minerais, são atribuídas a sua influência (DURKHEIM, 1996, p. 197).

Mana

O mana não é simplesmente uma força, um ser, é também uma ação, uma qualidade e um estado [...] a palavra condensa uma multidão de ideias que designaríamos por outras palavras: poder do feiticeiro, qualidade mágica de uma coisa, coisa mágica, ser mágico, ter poder mágico, estar encantado, atuar magicamente [...] O mana é precisamente o que constitui o valor das coisas e das pessoas, valor mágico, valor religioso a até valor social [...] é uma força e, em particular, a dos seres espirituais, quer dizer, das almas dos antepassados e dos espíritos da Natureza. É ele que faz os seres mágicos [...] é o invisível, o maravilhoso, o espiritual e, em suma, o espírito, em que reside toda a eficácia e toda a vida. A noção de mana é da mesma ordem que a noção de sagrado. [...] As duas noções confundem-se: especialmente entre os Algonquinos a ideia de manitu, entre os Iroqueses a ideia de orenda, na Melanésia a ideia de mana, são tanto mágicas como religiosas Marcel Mauss (2000, p. 133-147).

Hubert e Marcel Mauss, por exemplo, objetivando fazer uma teoria geral da magia, na esteira de James Frazer, defendiam que a magia inteira repousa na noção de mana. É importante referir que essa ideia de que o mana é a essência da magia influenciou posteriormente muitos autores. Mas voltaremos a essa questão no capítulo IV, onde abordaremos os conceitos de magia e religião.

Resumindo, Durkheim considera o animismo e o totemismo como religiões em estado embrionário ou primitivo. O animismo implica a presença de espíritos, bons ou maus, povoando o mesmo mundo dos homens, e o totemismo implica a existência de poderes sobrenaturais em determinados animais, plantas, pedras ou outros objetos, que identificam simbolicamente um grupo, clã, tribo, e aos quais os membros devem proporcionar rituais particulares de veneração e culto.

Discutida a questão do totemismo e animismo como formas elementares de religião, há dois outros conceitos primordiais na abordagem do fenômeno religioso: sagrado e profano.

O alemão Friedrich Max Müller (1823-1900), cuja vida acadêmica está ligada à Universidade de Oxford, considerado um dos principais precursores da abordagem comparativa da religião (ver a obra *Essay on Comparative Mythology*, 1856), em seu trabalho clássico *Introduction to the Science of Religion* (1873), define religião baseando-se principalmente na dicotomia entre sagrado e profano, ideia universal de dualidade que será posteriormente retomada por Durkheim, Otto, Wach, Eliade, Caillois, Lambert e outros autores.

Portanto, os conceitos de sagrado e profano são muito importantes para se compreender o que é religião.

III

O sagrado e o profano

Segundo Durkheim (1996, p. 19), todo pensamento religioso caracteriza-se por uma divisão bipartida do universo, ou seja, todas as crenças religiosas conhecidas, simples ou complexas, apresentam uma característica em comum: supõem uma classificação das coisas, reais ou ideais, que os homens concebem, em duas classes, em dois gêneros opostos: o sagrado e o profano. A vida religiosa e a vida profana não podem coexistir num mesmo espaço. Portanto, para a manifestação do sagrado, é preciso haver um local especial onde o profano esteja excluído. Daí a instituição de templos e santuários (p. 326). Do mesmo modo, eles não podem coexistir no mesmo período de tempo. Daí a necessidade de reservar exclusivamente ao sagrado determinados dias ou datas especiais. E assim surgiram as festas religiosas (p. 327).

Na esteira de Durkheim e no contexto do cristianismo, Roger Caillois (1988, p. 20) considera que o sagrado pertence a certas coisas (instrumentos do culto), a certos seres (membros do clero), espaços (templo, igreja) e a certos tempos (domingo, dia de Páscoa, Natal).

Para o conhecido historiador das religiões e ex-professor da Universidade de Chicago (EUA), Mircea Eliade (1907-1986), o homem toma conhecimento do sagrado porque este se manifesta como algo absolutamente diferente do profano. Ele propõe o termo **hierofania** para o ato da manifestação do sagrado; "algo de sagrado se nos mostra" (1999, p. 25).

Segundo Rubem Alves (1996, p. 20),

> quando entramos no mundo sagrado [...] descobrimos que uma transformação se processou. Porque agora a linguagem se refere a coisas invisíveis, coisas para além dos nossos sentidos comuns que, segundo a explicação, somente os olhos da fé podem contemplar.

No entanto, para alguns especialistas em religião oriental, essa divisão durkheimiana do mundo em sagrado e profano, como característica distintiva do pensamento religioso, não tem um caráter universalista, pois depende do contexto cultural e religioso; o **hinduísmo** é um caso paradigmático. Segundo Willaime (1995), o problema da distinção entre religião e não religião está no conceito de "dharma", um sistema sociorreligioso, o fundamento cósmico e social, a norma divina reguladora da vida cotidiana. Portanto, na sociedade indiana, no contexto do **hinduísmo**, é extremamente difícil fazer uma distinção entre o que é sagrado e o que é profano, pois há uma (quase) total sacralização das práticas profanas, conforme verifiquei também em meus trabalhos etnográficos em duas aldeias do Estado indiano de Goa.

Hinduísmo

O hinduísmo, com mais de seis mil anos, é, portanto, a mais antiga das grandes religiões mundiais. Concentrada majoritariamente no subcontinente indiano; é hoje a terceira religião com mais seguidores no mundo – cerca de 750 milhões de fiéis. O hinduísmo é mais do que uma religião. É, na verdade, um sistema sociorreligioso: "dharma", para além da ideia estrita de religião, é um fundamento cósmico-social, uma norma que regula todas as atividades humanas cotidianas, em que não há a clássica separação entre sagrado e profano presente no mundo ocidental.

Religião sem fundador humano, o hinduísmo baseia-se em vários *corpus* de textos, que todos consideram "emanados [...] do absoluto divino que se comunica livremente ao homem" (HULIN & KAPANI, apud DELUMEAU, 1997, p. 339).

Os três deuses principais do hinduísmo, que formam a trindade, o **trimurti**, são Brahma, Vishnu e Shiva, respectivamente, princípios criador, conservador e destruidor.

O livro *Veda* (saber ou conhecimento sagrado, revelação) é considerado um dos textos escritos mais antigos existentes na língua indo-europeia. Para Durkheim (1996), e baseando-se em Max Müller, os nomes dos deuses védicos estão relacionados aos principais fenômenos da natureza, por exemplo, *Agni*/fogo. Isso prova que, "nesses povos, os corpos e as forças da natureza foram os primeiros objetos aos quais se apegou o sentimento religioso: foram as primeiras coisas divinizadas", afirma Durkheim (1996, p. 64).

A maioria das doutrinas hinduístas acredita num processo eterno da vida, com sucessivos ciclos de reencarnação dos indivíduos – a crença de que os seres vivos fazem parte de um processo eterno de nascimento, morte e renascimento –, assim como num sistema de estratificação social muito particular, por seu caráter endogâmico e pela forte institucionalização de classes sociais, que constituem as *castas* (RAMOS, 1992). Esse sistema de castas baseia-se na crença de que as pessoas nascem numa dada posição na hierarquia social (domina o princípio da hereditariedade), de acordo com a natureza de suas atividades em encarnações anteriores.

Segundo Durkheim (1996, p. 16),

> o Brama pontifica em sua eterna quietude, muito acima do mundo terrestre, e resta apenas uma única pessoa a tomar parte ativa na grande obra da libertação: o homem. Eis, portanto, uma porção considerável da evolução religiosa que consistiu, em suma, num recuo progressivo da ideia de ser espiritual e de divindade.

Aliás, essa indiferença pela divindade ou "religiões sem deus" irá marcar fortemente o budismo e o jainismo, duas religiões nascidas no seio do hinduísmo, mas também o confucionismo e taoísmo.

Para concluir essa questão, vejamos resumidamente as principais características do sagrado (DURKHEIM, 1996; RAMOS, 1992).[1]

---

[1] Muitos autores já escreveram sobre o sagrado e o profano e a bibliografia sobre esse tema é bastante extensa. Ver, por exemplo, a obra de Mircea Eliade, *Tratado de história das religiões* (1994), nomeadamente o capítulo "Aproximações: estrutura e morfologia do sagrado", p. 25-68.

As principais características do sagrado

1. Experiência **não cotidiana**.

2. Faz referência a um **supremo poder** (ou força) que domina todas as energias cósmicas.

3. Uma realidade ambígua, que suscita no homem atitudes positivas ou negativas de atração e medo, que aparecem ao mesmo tempo com características espirituais e antropomórficas, sendo às vezes a favor ou contra, colaborador ou perigoso para o destino humano.

4. Caráter **não utilitarista**, ou seja, incapacidade (ou aptidão) para resolver os problemas cotidianos.

5. Caráter **metaempírico**, ou seja, situa-se num plano diverso ao da racionalidade.

6. **Reforço das convicções** e atitudes de respeito, reverência e culto.

7. Caráter **imperativo-ético**, ou seja, esse impulso que tanto os indivíduos como os grupos religiosos recebem em suas experiências do sagrado, para realizar determinadas condutas e para sujeitar-se a certas obrigações morais.

Nesse contexto (tentativa de compreensão do que é religião), outra questão importante é o conceito de magia e sua relação com a religião, tema de nosso próximo capítulo.

IV
Magia e religião

Segundo Max Weber (1997), a magia, prática religiosa comum tanto nas sociedades primitivas como nas sociedades camponesas, consiste na capacidade de manipulação de forças naturais e espirituais pela pessoa que possui **carisma**, ou seja, o **dom** (poder) natural para contatar e coagir seres sobrenaturais ou deuses para atender seus pedidos.

Carisma

Segundo o teólogo Tomás de Aquino (*Summa Teológica*, 1267-1273), carisma é uma graça divina recebida a fim de ajudar as pessoas a se unir com Deus. Para o filósofo e teólogo Rudolf Otto (1917), o termo "carisma" significa "o dom da graça", um poder humano excepcional que vem de Deus.

Segundo o sociólogo Max Weber (1947), carisma é uma qualidade excepcional (ou mesmo sobre-humana) de um indivíduo particular, que pode ser inata e de origem divina ou ainda adquirida por meio de um comportamento e modo de vida exemplares, reconhecida socialmente, que o coloca num nível superior das relações sociais e lhe dá autoridade e poder no seio de seu grupo ou sociedade.

Marcel Mauss (2000, p. 16) afirma que

> a magia compreende agentes, atos e representações: chamamos feiticeiro ao indivíduo que executa atos mágicos [...] chamamos representações mágicas às ideias e às crenças que correspondem aos atos mágicos; aos atos, em relação aos quais definimos os outros elementos da magia, chamamos ritos mágicos.

Segundo ainda Mauss (2000, p. 10),

> "a magia constitui [...] toda a vida mística e toda a vida científica do primitivo [...]. O homem [...] povoou o mundo de deuses. A esses deuses, já não os constrange, mas liga-os a si pela adoração, ou seja, pelo sacrifício e pela oração".

Os elementos específicos de culto, oração e sacrifício dedicados às forças sobrenaturais são de origem mágica. No caso do sacrifício, o objetivo é desviar a ira das entidades sobrenaturais (espíritos, deuses, Deus) para outros objetos ou pessoas.

Como disse o antropólogo belga-francês Claude Lévi-Strauss (1986, p. 14), "todo sacrifício implica uma solidariedade de natureza entre o oficiante, o Deus e a coisa sacrificada".

Mas a distinção entre **magia** e religião deve muito a Sir James Frazer. Esse antropólogo, principalmente com sua obra *The Golden Bough* (1911-1914), irá influenciar enormemente os estudos antropológicos e sociológicos posteriores. Bronislaw Malinowski, por exemplo, ao estudar os trobriandeses, retomou as ideias de James Frazer, e uma das questões importantes abordadas por ele é a distinção entre magia negra e magia branca (1988).

O conceito de magia

A magia pode ser definida como palavras mágicas, fórmulas, feitiços, encantos, que despertam no homem forças mentais desconhecidas. Provoca esperanças milagrosas e crenças nas misteriosas possibilidades humanas de manipular e controlar as forças sobrenaturais que influenciam ou são mesmo responsáveis pelos atos humanos. A crença na magia constitui sempre a (re) afirmação da capacidade do homem para provocar determinados efeitos concretos, por intermédio de ritos específicos, de um feitiço e outras práticas mágicas e religiosas. Nesse contexto, a magia negra e a feitiçaria são conceitos muito próximos – ambas são práticas religiosas que manipulam forças naturais e espirituais impuras (almas penadas, objetos, animais) para fins sociais maléficos (Rodrigues, 2005, p. 693-695).

O fenômeno da bruxaria/feitiçaria

"Haeresis est maxima opera maleficarum non credere" (não acreditar na feitiçaria é a maior das heresias) (*Malleus Maleficarum*, 1486).

A magia negra – praticada na bruxaria/feitiçaria – é uma prática religiosa que utiliza poderes sobrenaturais com propósitos antissociais, ou seja, como afirmou Durkheim (1996), o uso de forças sagradas impuras (demônios, almas penadas, energias negativas) para fins perversos e socialmente condenáveis. Segundo ele, a magia branca, por sua vez, utiliza poderes sobrenaturais para fins socialmente neutros ou mesmo benéficos.

Mas o que é feitiçaria?

> A feitiçaria pode ser definida como atos mágico-religiosos, antissociais, maléficos e proibidos (por isso são praticados na clandestinidade), que podem também ser realizados por meios invisíveis e à distância, com o intuito de fazer o mal a uma determinada pessoa. Estão ligados à feitiçaria sentimentos viciosos como a inveja, o ódio, a malícia, a ambição, a raiva etc. É importante referir que a eficácia do feitiço não depende, necessariamente, de um operador ritual alternativo com poderes sobrenaturais especiais: basta seguir as "instruções" que estão, por exemplo, no famoso Livro de São Cipriano e no manual Malleus Maleficarum (Rodrigues, 2005, p. 693-695).

Por sua vez, operador ritual alternativo,

> é um termo antropológico para definir todas as pessoas que lidam com o fenômeno da bruxaria em sentido lato – bruxas(os), endireitas, médiuns, ervanários, que operam rituais mágico-religiosos-curativos, que são alternativos aos operadores rituais oficiais, como o padre e o médico. A Igreja Católica e a medicina oficial condenam a magia/bruxaria e a medicina alternativa, mas essas práticas têm constituído, para a sociedade camponesa, uma parte fulcral de sua visão de mundo (Rodrigues, 2005, p. 693-695).

Numa visão socioantropológica preliminar, bruxaria e feitiçaria parecem dois conceitos praticamente idênticos, mas isso não é assim tão simples: a bruxaria (no contexto das sociedades camponesas é normalmente ligada ao bem) confunde-se com a feitiçaria quando também desenvolve prática social negativa, utilizando para isso coisas e seres sobrenaturais para fins antissociais (magia negra).

Bruxaria

Segundo Rodrigues (2005, p. 693-695),

> a bruxaria é um conjunto de procedimentos mágico--religiosos executados por um operador ritual alternativo para atender ao pedido de uma pessoa. O poder provém diretamente do próprio oficiante ou de uma entidade sobrenatural em nome da qual ele agirá. A bruxaria possui uma valência maléfica cada vez que o operador agride, por meio do feitiço, a vítima designada e uma valência benéfica quando anula o mal e inverte o malefício. Normalmente, no contexto rural, e ao contrário da feitiçaria, a bruxaria envolve (quase) sempre a prática do bem, como a cura de doenças, a resolução de conflitos de ordem familiar e social. É importante realçar que, embora condenado pela Igreja Católica, o fenômeno da bruxaria se insere no contexto do catolicismo popular. A virtude que se atribui a certos objetos utilizados na bruxaria (imagem, rosário, cruz, água-benta, vela, azeite..) fundamenta-se nas próprias simbologias e práticas católicas. Os camponeses, para os quais o sentido de comunidade é muito forte, consideram que os espíritos malignos, as pragas, a inveja, o mau-olhado são os responsáveis pelos conflitos internos e infortúnios vários, pessoais e coletivos. Assim, a bruxaria é uma prática

essencial de ajuda aos camponeses, para se defenderem das forças antissociais e sobrenaturais destrutivas.

A palavra bruxa(o) é um termo popular utilizado para descrever uma grande variedade de "especialistas" (padre-curandeiro-exorcista, feiticeira, curandeira, médium, parapsicólogo, benzedeira, ervanário, endireita, espiritualista, cartomante, vidente), cujo principal ponto em comum é o fato de a legitimação a seus poderes não ser oficial, mas sim popular. Por norma, as pessoas assim descritas recusam-se a ser categorizadas conjuntamente, afirmando que seus poderes são de natureza distinta e que derivam de gêneros diferenciados de conhecimento esotérico ou de um dom divino individual. Os(as) bruxos(as) não aceitam esse termo. Preferem ser chamados de "homens de virtude" e "mulheres de virtude" e afirmam que para ser uma pessoa de virtude é preciso ter o dom, ou seja, ser uma pessoa escolhida por Deus para ter poderes para lidar com o sobrenatural. Dentro desse contexto, surge a figura mais importante que é a/o médium, pessoas (normalmente mulheres) que [...] se comunicam com espíritos. A palavra refere-se a certa forma de intermediação entre o mundo dos vivos e o mundo dos mortos.

A bruxa, por exercer uma atividade antissocial, sempre foi marginalizada pela elite urbana (principalmente pelos médicos) e pela Igreja Católica. No entanto, ela é incentivada, protegida e validada pelo meio rural e pela cultura que lhe está subjacente. A atmosfera de misticismo, secretismo e ilegalidade que rodeia a consulta à bruxa é central para explicar os poderes que lhe são atribuídos – a transgressão das estruturas oficiais é um dos fatores geradores do próprio poder da bruxa.

A bruxa, a quem os camponeses frequentemente recorrem, tem uma função social bem definida: curandeira e consoladora. Como qualquer outro comportamento, a prática de ir à bruxa depende, direta ou indiretamente, do conjunto de valores que a pessoa partilha com outros indivíduos do grupo sociocultural a que pertence. Em particular, é seu sistema de crenças e superstições que o leva a atribuir as dificuldades ou doenças a causas sobrenaturais e a escolher a bruxa como terapeuta. O fenômeno da bruxaria (assim como o são, normalmente, todas as práticas religiosas) sempre foi do domínio feminino (clientes e operadores). As mulheres procuram constantemente as bruxas para a resolução de seus próprios problemas (doença, conflitos de vizinhança, conflitos conjugais), mas também para os animais da casa quando estão doentes. A maioria dos homens não acredita na ação terapêutica das bruxas e condena as mulheres que recorrem a essas práticas. Mas, como alternativa, vão ao ervanário e ao endireita, duas especialidades que são normalmente do foro masculino".

É importante realçar que os conceitos de feitiçaria e bruxaria são muito complexos e seus significados dependem dos contextos histórico e sociocultural em que estão inseridos. Há pelos menos quatro distintos contextos em que aparece esse fenômeno religioso (BOWIE, 2002, p. 220-221):

1. Na Europa medieval e moderna cristã-católica, principalmente no seio das sociedades camponesas, como prática religiosa marginal e alternativa, com a manipulação de objetos e símbolos, visando a cura física e espiritual dos solicitadores (Summers, 1998; Seligmann, 2002).[1]

---

[1] Para além das duas obras citadas, o leitor mais interessado nesse tema poderá consultar: Jacob Sprenger & Heinrich Kramer, *Malleus Maleficarum* (1486/1948); Thomas Szasz, *A fabricação da loucura: um estudo comparativo entre a inquisição e o movimento de saúde mental* (1984); J. Michelet, *Satanism and Witchcraft: a study in medieval superstition* (1862/1965).

2. Igrejas reformadas que consideram o fenômeno da bruxaria/feitiçaria como inimigo do cristianismo e agentes ligados ao diabo, principal responsável por tudo o que acontece de mal na sociedade. A bruxaria é considerada uma prática antirreligiosa e não civilizada.

3. Práticas mágicas, portanto de manipulação do sobrenatural, no contexto da religião africana (ver, por exemplo, os estudos de Evans-Pritchard).

4. Nos anos mais recentes, no contexto do paganismo e da forte valorização do esoterismo presentes nas sociedades ocidentais, como é o caso do fenômeno Wicca, principalmente no Reino Unido.[2]

"Penso que o diabo não existe, mas que o homem o criou a sua imagem e semelhança" (DOSTOIÉVSKI, s/d, p. 354).

No contexto das sociedades camponesas, a feitiçaria não depende de poderes sobrenaturais especiais, ou seja, a eficácia de um feitiço não depende de um operador ritual especializado; se qualquer pessoa seguir corretamente o ritual e se sua vítima (ou um representante) não contrapor com um feitiço mais potente, poderá ser bem-sucedida na tarefa mágica.

A bruxaria, por sua vez, depende unicamente de poderes sobrenaturais especiais que o(a) "bruxo(a)" possui – o **dom** –, os quais só são transmissíveis a outros hereditariamente ou por determinados ritos iniciáticos.[3]

---

[2] Sobre esse movimento religioso, ver R. Hutton, *The Triumph of the Moon: a history of pagan witchcraft (1999)*.

[3] Ver a questão do dom no contexto do fenômeno da bruxaria no meio rural português. RODRIGUES, Donizete. *God, the Devil and Witches:*

Outra questão importante é que a magia branca e a magia negra (e suas práticas de bruxaria/feitiçaria) cumprem funções e disfunções psicossociais. Por isso, antropólogos, sociólogos e psicólogos têm estudado as causas e as consequências, individuais e coletivas, desse fenômeno religioso. Quanto às funções psíquicas da magia, as duas principais são (RAMOS, 1992, p. 38-39):

a) *catártica* – constituem um mecanismo compensatório para os praticantes superarem certas frustrações derivadas, por exemplo, de situações sociais desfavoráveis (pobreza), solidão, injustiças sofridas etc., mas também para tentar resolver impulsos (agressivos, sexuais e egoístas) reprimidos. Ou seja, as pessoas recorrem à magia na esperança de realizar, por meio de uma força sobrenatural, seus desejos ocultos de vingança, de humilhar seus inimigos, de seduzir parceiros sexuais inacessíveis, de se defender de seus adversários e de determinados perigos;

b) *reforçar* a autoestima dos praticantes, demostrando que são dotados de poderes ou capacidades superiores na manipulação de forças ocultas, proibidas às pessoas normais, reservadas somente aos iniciados, aos "eleitos".

Por outro lado, a magia também tem uma função social muito importante, sobretudo em sociedades primitivas, onde ela exerce um papel essencial no controle social; inculcando medo e respeito sagrado a determinadas normas de comportamento, que não devem ser desres-

---

religious practices in Portuguese peasant societies, 2000a.

peitadas. O medo das represálias ou a vingança dos seres sobrenaturais provocam certo conformismo, individual e social, e submissão ao poder e às normas sociais.

Mas a utilização da magia também pode provocar disfunções psicossociais, ou seja, pode provocar traços neuróticos e psicóticos, desajustes afetivos, descontrole emocional, ansiedade, medo, fantasias e imaginações paranoicas, desadaptação e falta de objetividade. Por exemplo: no contexto das comunidades rurais em Portugal, uma simples suspeita de "mau-olhado" é capaz de provocar distúrbios ou doenças psicossomáticas, cortes de relações de boa vizinhança, conflitos sociais, vinganças, agressões e até mesmo mortes (RODRIGUES, 2000; RODRIGUES et al., 1995; GONÇALVES & RODRIGUES, 2006).

Quanto à questão da distinção entre magia e religião, embora sendo dois conceitos diferentes, elas apresentam algumas características semelhantes, por exemplo: ambas acreditam que existe uma dimensão sobrenatural, uma energia superior capaz de dominar as leis da natureza, mas com a qual o homem é capaz de estabelecer algum tipo de contato (O'DEA, 1969).

Segundo Durkheim (1996, p. 26),

> também a magia é feita de crenças e de ritos. Assim como a religião, tem seus mitos e seus dogmas; eles são apenas mais rudimentares. [...] Ela tem igualmente suas cerimônias, seus sacrifícios, suas purificações, suas preces, seus cantos e suas danças. Os seres que o mágico invoca, as forças que emprega não são apenas da mesma natureza que as forças e os seres aos quais se dirige a religião; com muita frequência, são exatamente os mesmos.

Quanto às diferenças (Vernon, 1962; Yinger, 1964), que são maiores e mais importantes que as semelhanças, enquanto a religião se preocupa com problemas mais complexos, digamos assim mais teológicos e/ou filosóficos, tais como morte, salvação, destino, sentido da vida etc., a magia interessa-se por problemas muito mais práticos e imediatos, como saúde, beleza, amor, sexo, sedução, vingança, fenômenos meteorológicos, atividades de subsistência (caça, pesca, emprego), dinheiro, êxito, poder etc. Ou seja, a magia encerra intencionalidades pragmáticas, e o religioso, por sua vez, expressa ideias, sentimentos e ações que dificilmente se traduzirão em utilidades mundanas.

Segundo Pierre Bourdieu (1986, p. 45), as práticas mágicas

> visam a objetivos concretos e específicos, parciais e imediatos [...] que estão inspirados pela intenção de coerção ou de manipulação dos poderes sobrenaturais [...] apoiando-se no princípio do "toma lá dá cá".

Outra diferença é que, segundo James Frazer, em *Golden Bough* (1911-1914), enquanto a religião mantém uma relação respeitosa com a divindade, baseada na adoração, submissão e reconhecimento de sua superioridade, a magia procura manipular o sobrenatural, instrumentalizando-o ao serviço de algum fim prático (MALINOWSKI, 1988), como é o caso do **xamanismo**.

Xamanismo

Em alguns contextos culturais, principalmente entre os índios siberianos e esquimós, existem os "xamãs", pessoas consideradas "iluminadas", que são escolhidas por entidades sobrenaturais para ter poderes de entrar em contato com espíritos ou forças sobrenaturais.

Segundo Hans Küng (2005, p. 107),

> o xamã [...] é uma pessoa – homem ou mulher – possuída pelo divino [...] pelos espíritos e que, ao mesmo tempo, domina os espíritos. [...] Os xamãs podem funcionar como simples intermediários dos espíritos, como curandeiros, exorcistas, intérpretes de sonhos ou fazedores de chuva. [...] são capazes de trazer de volta as almas dos doentes ou dos mortos, ou mesmo de se deslocar pelo ar.

Mais do que como mágicos/feiticeiros (conceitos mais utilizados na África Melanésia e América), os xamãs são procurados como verdadeiros líderes religiosos, por pessoas que não encontram, dentro das práticas oficiais das religiões instituídas, consolo ou respostas satisfatórias para seus problemas (RAMOS, 1992, p. 34).

Os ritos religiosos, ainda que possam ser praticados em privado por uma só pessoa, são geralmente praticados em público e em lugares coletivos especialmente consagrados ao culto religioso, como as igrejas, os templos, os santuários. A magia, por sua vez, só é praticada em privado e quase nunca diante de uma comunidade de crentes.

Como afirmou Durkheim (1996, p. 29),

não existe igreja mágica [...] o mágico tem uma clientela, não uma igreja, e seus clientes podem perfeitamente não manter entre si nenhum relacionamento [...] as relações que estabelecem com o mágico são, em geral, acidentais e passageiras.

Mas, ainda segundo Durkheim (1996, p. 27), há um eterno conflito entre religião e magia;

a magia tem uma espécie de prazer profissional em profanar coisas sagradas; em seus ritos, realiza em sentido diametralmente oposto às cerimônias religiosas [...] Como observam Hubert e Mauss, há, nos procedimentos do mágico, algo de intrinsecamente antirreligioso.

Segundo Pierre Bourdieu (1986, p. 43), o problema é que

um sistema de práticas e crenças está fadado a surgir como magia ou feitiçaria, no sentido de religião inferior, todas as vezes que ocupam uma posição dominada na estrutura das relações de forças simbólicas.

Ainda deixando falar Bourdieu (1986, p. 44), no âmbito de um mesmo contexto social,

a oposição entre religião e a magia, entre o sagrado e o profano, entre a manipulação legítima e a manipulação profana do sagrado, dissimula a oposição entre diferenças de competência religiosa que estão ligadas à estrutura da distribuição do capital cultural.

Discutidos os conceitos de sagrado e profano, magia e religião, falemos agora de um tema também muito importante para o estudo do fenômeno religioso, principalmente no campo da antropologia da religião: ritos e rituais.

V
Ritos e rituais

As primeiras formulações conceituais de ritos e rituais, de forma mais bem estruturada, foram feitas por Durkheim, Mauss e Hubert, com base nas especificidades culturais e religiosas das sociedades tribais. Desde o início que o estudo do rito (bem como do mito) estava ligado inevitavelmente ao estudo das práticas religiosas. Os ritos e os rituais eram (e são) partes das manifestações do sagrado e, por isso, têm sido, desde os clássicos, um dos principais temas da antropologia da religião (Bowie, 2000).

Para Durkheim, a religião é um sistema de crenças que envolve ritos e rituais.

> As crenças religiosas são representações que exprimem a natureza das coisas sagradas e as relações que elas mantêm umas com as outras ou com as coisas profanas. Os ritos são regras de comportamento que prescrevem como o homem deve comportar-se com as coisas sagradas (Segalen, 2000, p. 14).

Como nos lembrou Radcliffe-Brown (1989, p. 244), para Durkheim

> os ritos religiosos são uma expressão da unidade da sociedade e [...] sua função é "recriar" a sociedade

ou a ordem social, reafirmando e reforçando os sentimentos dos quais dependem a solidariedade social.

Portanto, é por meio dos ritos, rituais e das cerimônias religiosas que os sentimentos sociais e morais são fortalecidos e renovados. Daí o fato de Durkheim (1996, p. 422) afirmar que "os ritos são [...] os meios pelos quais o grupo social se reafirma periodicamente".

Os ritos, rituais, tabus e proibições são derivados da atitude de respeito pelo sagrado, o qual tem como função primordial manter a solidariedade, a coesão, a ordem e o controle social (Hamilton, 1999).

A relação rito-religião, preconizada por Durkheim e seus mais diretos colaboradores, seria depois retomada por vários antropólogos: Victor Turner (1974) e Mary Douglas (1970), que ligam ritos e atos simbólicos – daí o fato de Segalen (2000, p. 23) dizer que "o rito ou ritual é um conjunto de atos formalizados, expressivos, detentores de uma dimensão simbólica"; Meyer Fortes, que associou ritos e práticas de magia no contexto das sociedades africanas; Max Gluckman, que ligou rito e violência.

Para T. Luckmann (1973), a dimensão simbólica refere-se ao sistema de significado que relaciona a experiência da vida mundana a um nível de realidade sagrada, transcendente.

Segundo Segalen (2000, p. 16, 23), e apoiando-se em van Gennep (1960), "os ritos têm a finalidade de ligar o presente ao passado, o indivíduo à comunidade". Para esse autor, o rito têm uma dimensão coletiva, marca rupturas, descontinuidades e momentos críticos, individuais e sociais. O ritual "ordena a desordem, dá sentido [...] ao incompreensível, dá [...] meios para dominar o mal, o tempo e as relações sociais".

Ritos de passagem

Arnold van Gennep, com a obra *Les Rites de Passage*, publicada em 1909, e E. Durkheim, com *As formas elementares da vida religiosa*, publicada em 1912, considerados os fundadores da etnologia moderna francesa, são, sem dúvida nenhuma, uns dos grandes teóricos do estudo dos ritos/rituais. Segundo Segalen (2000, p. 30), van Gennep apropria-se de uma série de manifestações que dizem respeito ao indivíduo, em ligação com seu ciclo biológico vital, o ciclo familiar e também manifestações relativas à passagem do tempo, ao ciclo das estações dos trabalhos e dos dias. Os ritos de passagem, que para van Gennep apresentam uma estrutura universal e, portanto, presentes em toda a sociedade humana, referem-se aos rituais do ciclo de vida, nos quais ocorre uma mudança de status que marca a vida de uma pessoa ou grupo. Os rituais estão ligados, principalmente, ao nascimento (batismo), puberdade (iniciação), casamento e morte.

Batismo

No catolicismo, o batismo tem como finalidade a remissão do pecado original; por isso, é considerado um ritual de purificação. É o primeiro sacramento da iniciação cristã e integra a criança na vida da Igreja. Ela se torna filha de Deus. A fonte batismal simboliza o novo seio materno de onde nascem os filhos de Deus.

No ato do batismo, há três elementos importantes: a água, símbolo de purificação; o óleo (azeite), símbolo da força e da capacidade de resistência ao mal (diabo); o sinal da cruz, símbolo da salvação com que a Igreja acolhe seu mais novo membro. Após o batismo, a criança está revestida da dignidade cristã para toda a vida: é filha adotiva de Deus, irmã de Cristo e membro da Igreja una, santa, católica e apostólica.

Do ponto de vista antropológico, o batismo é um **rito de agregação** (ou incorporação) do indivíduo na sociedade, onde há o controle religioso e social do reconhecimento da filiação.

Casamento

No catolicismo, o casamento tem uma função jurídico-sacramental: o padre certifica se os cônjuges reúnem todas as condições para que o casamento seja realizado (por exemplo, se não têm grau de parentesco proibido) e sacramenta e legitima a união conjugal, perante Deus e a sociedade.

Do ponto de vista antropológico, o casamento é o ritual que marca o início da produção biológica e social dos indivíduos. No ritual popular (profano), o casamento tem uma função essencialmente econômica e social. Várias ações reforçam a publicidade desse rito: a presença de um grande número de testemunhas (os convidados); o gesto simbólico do beijo público no final da cerimônia, marcando o início de uma sexualidade legitimada; o cortejo com sua enorme algazarra, a fim de mostrar à comunidade que um novo casal foi constituído e as redefinições que a nova situação social e econômica implica.

Seguindo a classificação de van Gennep, o cortejo dos noivos é marcado por três etapas principais: saída de casa – ritual de **separação** do seio paterno; a cerimônia religiosa – fase de **liminaridade** entre a condição de solteiro e a de casado; chegada à casa (neolocal, virilocal ou uxorilocal) – ritual de **agregação/incorporação**.

Morte

A morte comporta um rito de separação do mundo dos vivos e incorporação no mundo dos mortos. Representa apenas o fim do corpo físico, pois a parte espiritual não morre. A alma vai para o purgatório onde será julgada por seus atos terrenos e lá ficará até ser redimida (ou não) dos pecados – período de liminaridade entre a vida e a morte. Os maus são condenados ao inferno e os bons cristãos vão para junto de Deus.

Nas sociedades camponesas portuguesas, por exemplo, logo após um falecimento toca-se o sino da capela para avisar a comunidade. Os parentes próximos vão à casa do defunto para ajudar na preparação do caixão e da sala onde o morto será velado. Depois que o corpo está na sala, as visitas começam a aparecer, aspergem o morto com água-benta, dão os pêsames aos membros da família e ficam por um curto espaço de tempo.

Ao anoitecer começa a "noite da vela", o velório. Todos os parentes, amigos e conhecidos têm de estar representados – a morte não é uma dor individual ou familiar, mas coletiva. Os presentes, ao longo da noite, choram, rezam, comem, bebem e conversam sobre a vida do morto e outros assuntos do cotidiano. Na hora da "novena funerária" (orações pela alma do falecido), voltam a reinar o silêncio e o choro.

No dia seguinte, toca-se o sino para anunciar o cortejo que levará o morto à capela/igreja, onde se realiza a missa de corpo presente. Depois o caixão é fechado e forma-se novamente o cortejo. Quando chegam ao cemitério, a urna é novamente aberta e o padre encomenda a alma. Depois de estar na cova, a maior parte das pessoas atira um bocadinho de terra em cima do caixão (**rito de separação**).

Após as missas do sétimo dia, do primeiro mês e do primeiro ano, o dia de Todos os Santos (limpeza e enfeite das campas com flores e velas) e o dia de Finados (missa em louvor das almas) são as únicas ocasiões em que são exigidas obrigações formais para com os entes falecidos.

Quanto ao luto, o grau de parentesco influencia diretamente no período de tempo durante o qual se guardará o "respeito". Porém, as regras de luto formal não são idênticas nos dois sexos – as mulheres usam vestes totalmente pretas e por tempo indeterminado, enquanto os homens colocam apenas um fumo na manga da camisa ou casaco e/ou uma gravata preta, e por apenas alguns meses (RODRIGUES, 1994a, 2005, p. 693-695).

Arnold van Gennep, em *The Rites of Passage* (1960), distingue três fases principais num ritual: separação, liminaridade (margem, transição) e agregação (integração). Mas o tempo e a importância das três fases são variados. Por exemplo, os ritos de separação são mais valorizados nas cerimônias fúnebres e os de integração nos rituais de nascimento/batismo e de casamento.

Segundo Bowie (2000, p. 183), os rituais lidam com os mais básicos dilemas da existência humana: continuidade e estabilidade, crescimento e fertilidade, mortalidade e imortalidade ou transcendência.

Marcel Mauss e a escola sociológica francesa acolheram o caráter universal do conceito de ritos de passagem como evidências culturais e religiosas. No entanto, essa questão não é pacífica entre os antropólogos: Max Gluckman, em 1967, num ensaio com o mesmo título da obra de van Gennep, discorda desse etnógrafo e defende a ideia de que quanto maior for o grau de complexidade e desenvolvimento da sociedade, menor será o grau de ritualização. Julian Pitt-Rivers (1986), por sua vez, critica fortemente Gluckman, dando exemplo de inúmeras ritualizações no contexto das sociedades modernas.

Posteriormente, Victor Turner (1974) retoma a teoria dos ritos de passagem, valorizando a fase da liminaridade.

Discutidas as questões da definição de religião, bem como os conceitos afins de totemismo/animismo, magia, sagrado e profano, ritos e rituais, é hora de tentar compreender quais são as principais funções sociais da religião.

VI

As funções sociais da religião

*Temos religião suficiente para que
nos odiemos, mas não para que nos
amemos uns aos outros*
(Jonathan Swift, pastor da Igreja
Anglicana).

Durkheim (1996), embora se tenha baseado fundamentalmente em estudos antropológicos de sociedades primitivas, considerava o religioso como um fenômeno universal; daí o fato de ter estudado o sistema religioso em diferentes contextos históricos, sociais e culturais, tentando entender qual foi a "essência comum", quais são as funções universais que a religião desempenha dentro das diferentes sociedades e que explicam sua origem.

Segundo esse eminente sociólogo francês, a realidade simbólica da religião é o núcleo da **consciência coletiva**. Como ato social, transcende o indivíduo e é a condição primordial para a integração e a manutenção da ordem social (LUCKMANN, 1973, p. 26).

Portanto, por detrás de toda manifestação religiosa (rito, culto, credo, adoração etc.) está a sociedade, pois foi ela que criou a (sua) concepção de religioso.

Deus, por exemplo, que é talvez a concepção humana mais forte dentro do contexto do sagrado, era uma forma de sacralização ou mitificação (no plano transcendental) de meras leis, usos, costumes, valores e tradições do grupo social. Portanto, o culto a Deus era no fundo um culto à própria sociedade e a religião era apenas uma forma suprema de consolidar o social, de perpetuar a cultura; toda manifestação religiosa permite, no fundo, aos membros da sociedade reafirmar-se simbolicamente como grupo e atualizar e reforçar os valores coletivos.

Além disso, a religião, como "sanção transcendente", impõe muito mais respeito do que as sanções sociais. Tratando-se de um legislador divino, e não de leis meramente humanas, a religião é uma forma poderosa de controle social, particularmente das tendências desestabilizadoras existentes na sociedade.

É nesse sentido que Radcliffe-Brown (1989, p. 254-255) defende que o **direito** (sanções legais), a **moral** (sanções da opinião pública e da consciência) e a **religião** (sanções religiosas) são três maneiras de controlar o comportamento humano.

Na esteira de Durkheim, o filósofo e sociólogo alemão Georg Simmel (1858-1918) afirma que em sua relação com Deus (ou deuses, seres sobrenaturais), o indivíduo reproduz e transcende a coletividade, ou seja, a religião expressa a unidade do grupo social (1905/1997).

Para Max Weber (1997), a religião, de alguma maneira, tem desempenhado um importante papel no controle social.[1] A religião é universalmente uma reação ao medo. Ela proporciona ao homem explicações para os problemas angustiantes como o mal, a injustiça, o sofrimento e a morte; aliás, ideias também defendidas por Freud (1962). Tal como Max Weber, também Durkheim liga religião ao sofrimento, quando afirma que "não há religião que não atribua à dor um caráter santificante" (SEGALEN, 2000, p. 15). Posteriormente, o antropólogo Clifford Geertz (1978, p. 119) afirma que, como questão religiosa,

> o problema do sofrimento é, paradoxalmente, não como evitar o sofrimento, mas como sofrer, como fazer da dor física, da perda pessoal, da derrota frente ao mundo ou da impotente contemplação da agonia alheia algo tolerável, suportável.

Talcott Parsons (1902-1979), que teve o mérito de introduzir Durkheim e Weber na sociologia americana – em 1930, traduziu do alemão para o inglês a obra clássica *A ética protestante e o espírito do capitalismo* –, em *Essays in sociological theory* (1954), no contexto do funcionalismo sociológico durkheimiano, defende que toda ação humana é simultaneamente biológica, psíquica, social e cultural e que as ações especificamente religiosas têm um papel especial dentro desse contexto, pois fazem a articulação entre esses subsistemas.

---

[1] Essas ideias de Max Weber foram posteriormente retomadas, entre outros, pelos eminentes sociólogos Milton Yinger (Religion, Société, Personne, 1964; *The scientific study of religion*, 1970), Peter Berger & Thomas Luckmann (*The social construction of reality*, 1967), Robert Merton (*Social theory and social structure*, 1968) e Bryan Wilson (*Religion in sociological perspective*, 1982).

De forma bastante resumida, para Parsons, a religião tem uma função social primordial, ou seja, tentar resolver os três graves problemas da humanidade: as incertezas cognitivo-emocionais, a escassez de recursos materiais e o desajuste social.

Thomas O'Dea (1969) resume as funções da religião da seguinte forma:

> [a religião] identifica o indivíduo com seu grupo, apoia-o na incerteza, consola-o na decepção, liga-o aos objetivos da sociedade, aumenta seu moral e lhe dá elementos de identidade. Procura reforçar a unidade e a estabilidade da sociedade, ao apoiar o controle social, ao ampliar os valores e objetivos estabelecidos, e ao dar os meios para superar a culpa e a alienação. Pode também desempenhar um papel profético e revelar-se uma influência perturbadora e até subversiva em qualquer sociedade (p. 28) [...] Portanto, a religião pode ser não apenas um fator que contribui para a integração da sociedade, para a realização de seus objetivos e o fortalecimento de seu controle social. Pode não ser apenas um fator que contribui para o moral e o equilíbrio de personalidades individuais. Pode ser também desintegradora – uma causa de tensão e conflito (individual e social) (p. 146).

As palavras finais do ex-sociólogo de Harvard, Thomas O'Dea (1915-1974), chamam a atenção para um aspecto importante: conforme já foi realçado por Rudolf Otto (1917/1992) e Milton Yinger (1970), a religião muitas vezes provoca, ao contrário, desestabilização social, positiva ou negativa, dependendo do lado em que está o observador. Exemplo? O caso do cristianismo primitivo, entre os judeus e os romanos.

Mas a religião, ironicamente – pois quase todas as religiões e práticas religiosas pregam a paz e a união entre os "irmãos" e povos –, pode desenvolver sentimentos de ódio e consequente violência (GARAUDY, 1998; FARIAS et al., 2002). Infelizmente, são muitos os exemplos históricos: entre o século XI e o século XIII, as históricas "guerras santas", as cruzadas dos cristãos contra os mouros e, até o século XVIII, a Inquisição.

Segundo Tincq (1999, p. 97), na loucura inquisitorial, "a imposição autoritária de um dogma prevalece sobre a liberdade dos homens. O cristianismo purifica pelo fogo". Para atualizar esse discurso da violência na religião (infelizmente há essa necessidade), temos, no século XX, os conflitos sangrentos na Irlanda do Norte (entre católicos e protestantes), e, atualmente, em Israel (entre judeus e muçulmanos palestinos), entre a Índia (hindu) e o Paquistão (muçulmano), entre outros conflitos religiosos internos, como na Indonésia (entre muçulmanos e cristãos), Índia (entre hindus, muçulmanos e cristãos), Sri Lanka (cingaleses budistas e tâmiles hindus) e Sudão (entre o Norte muçulmano e o Sul cristão); os conflitos étnicos-religiosos na África e na região dos Balcãs; o trágico acontecimento de 11 de setembro de 2001. Como afirmou um pastor da Igreja anglicana, "temos religião suficiente para que nos odiemos, mas não para que nos amemos uns aos outros" (citado por O'Dea, 1969, p. 103).

Além disso, em muitas situações e contextos, marxista ou não marxista, a religião/Igreja acaba por apoiar movimentos políticos e populares para derrubar certos regimes políticos e libertar e defender a causa de minorias e povos oprimidos: ver, por exemplo, o caso do budismo na Birmânia, como fator de união na luta contra a ocupação

87

britânica protestante e também o islamismo na Indonésia contra a ocupação holandesa.

Vejamos também alguns exemplos no contexto do **catolicismo**: o famoso sindicato "Solidariedade", na Polônia, que lutou contra a dominação soviética; a Teologia da Libertação na América Latina, que preconizava não só uma libertação espiritual, mas também (e principalmente) a libertação política dos povos oprimidos sob o julgo das ditaduras militares; e o caso mais recente do processo de independência de Timor Leste.

Catolicismo

Segundo Jean Roques (in Delumeau, 1997, p. 127), "não se pode verdadeiramente falar de catolicismo senão após a cisão entre Oriente e Ocidente (Roma e Constantinopla)", em 1054.

> A palavra "católico", em sua acepção teológica, significa que a Igreja de Cristo é universal... em sua vocação própria de acolher todas as culturas ... Em seu uso corrente (sociológico), que data do século XVI, a palavra "católico" designa os fiéis ou as instituições ligadas a Roma, isto é, apenas uma parte da Igreja de Cristo.

Após a histórica e enorme expansão do catolicismo no mundo, atualmente os maiores países católicos são: Brasil, México, Estados Unidos, Filipinas e Itália. Para concluir este capítulo, vejamos o resumo das principais funções sociais da religião.

As principais funções sociais da religião

1. Ser uma "referência transcendental" que ajuda a superar as incertezas quanto ao desconhecido, à impotência ante as forças da natureza, à vida, à morte e ao futuro.

2. Ajudar a controlar os escassos recursos econômicos, de prestígio e poder, que por serem limitados, não chegam para suprir as necessidades de todos.

3. Justificar a desigualdade social, a divisão do trabalho, a subordinação e a hierarquia.

4. Ao tentar dar respostas às interrogações e preocupações existenciais sobre o sentido da vida, o sofrimento, as incertezas, as injustiças sociais e outros males do mundo, a religião contribui para o equilíbrio psíquicoemocional do ser humano e o incentiva a uma participação maior na sociedade ou grupo, visando ampla integração social.

5. Conforto afetivoespiritual: proporciona consolo, alívio e estabilidade emocional nos momentos críticos e dolorosos da vida.

6. Em períodos de grande mudança ou forte crise social, política e econômica, a religião funciona como um importante fator de união, de identidade cultural e religiosa.

7. Fator de (não) coesão social: reconhecendo as instituições formais do Estado e da sociedade, a religião condena – e ameaça com sanções sobrenaturais (o inferno, por exemplo) – os comportamentos desviantes e fomenta o conformismo social, ou seja, o cumprimento das leis, dos bons costumes, do civismo etc.; ajuda, portanto, no controle e na manutenção da ordem social.

Concluída a discussão dos principais conceitos relacionados com o fenômeno religioso, é momento de fazer nossas considerações finais.

Considerações finais

Como vimos ao longo deste texto, a religião, como expressão simbólica das experiências sociais, como fenômeno social, como subsistema cultural/social, é de primordial importância na análise de todas as sociedades humanas. É a chave para a compreensão da vida social, das práticas institucionais, para entender as experiências cotidianas e os processos de mudança social.

O fenômeno religioso, embora complexo, é um fator muito importante para se compreender as diferentes sociedades humanas, no tempo e no espaço, pois todas elas, de uma forma ou de outra, foram moldadas pelo pensamento religioso. Da mesma forma que os homens criaram seus próprios seres sobrenaturais ou deuses, estes, juntamente com os antepassados, também participaram na criação e no desenvolvimento dessas mesmas sociedades.

No entanto, a definição de religião não é tarefa fácil. Desde os finais do século XIX que esse problema tem sido um grande desafio para a sociologia e para a antropologia. Consequentemente, há muitas definições de religião formuladas por grandes teóricos, desde os clássicos até hoje.

Apesar da enorme variação de conceitos, mas que se enquadram nas duas grandes correntes, substantivista e funcionalista, todas as religiões são caracterizadas por três dimensões universais, a saber: **teorética** (um sistema de crenças); **práticas** (um sistema de rituais, cerimônias); **social** (um sistema de relações sociais estabelecidas entre os homens e entre eles e suas divindades, espíritos ou outra entidade superior). Em resumo, compreender essas três dimensões é o principal objetivo da disciplina sociologia da religião.

Além disso, não podemos esquecer que, numa perspectiva funcionalista, a religião, como um importante subsistema cultural, não é somente uma mudança que está ocorrendo **na** sociedade, ela é também um reflexo da mudança **da** sociedade.

No contexto da pós-modernidade (conceito também este muito polêmico e que suscita grande debate nas ciências sociais em geral), o que está acontecendo é uma adaptação das várias religiões e práticas religiosas ao mundo de hoje. Como Deus não está morto (no sentido preconizado por Nietzsche), ocorre um reencantamento do mundo. A religião é, portanto, uma dimensão permanente da realidade social. Ela muda com a sociedade, mas nunca irá desaparecer.

Como vimos ao longo deste texto, o fenômeno religioso é um tema sociológico bastante complexo e multidimensional. Há, naturalmente, outras maneiras e perspectivas, outros conteúdos, para abordar o conceito de religião. Este livro é apenas uma (pequena) contribuição, em língua portuguesa, para uma compreensão melhor desse conceito.

Referências bibliográficas

ALVES, Rubem. *O que é religião*. São Paulo: Ars Poéica Editora, 1996.

ARAÚJO, Benedita. *Superstições populares portuguesas*. Lisboa: Colibri, 1997.

ARNALDEZ, Roger. *Três mensageiros para um só Deus*. Lisboa: Instituto Piaget, 1995.

ARON, Raymond. *As etapas do pensamento sociológico*. Lisboa: Publicações Dom Quixote, 1992.

BAECHLER, Jean. Religião. In: BOUDON, Raymond (ed.). *Tratado de sociologia*. Porto: Edições Asa, 1995.

BANTON, Michael (ed.). *Anthropological approaches to the study of religions*. London: Tavistock, 1966.

BAYOU, Hélène *et al. ABCedário do budismo*. Lisboa: Público/ Flammarion, 2003.

BEIT-HALLAHMI, Benjamim & ARGYLE, Michael. *The psychology of religions:* behaviour, belief and experience. London: Routledge, 1997.

BENVENISTE, Émile. *Vocabulario de las Instituciones Indoeuropeas*. Madrid: Taurus, 1983.

BERGER, Peter & LUCKMANN, Thomas. *The Social Construction of Reality*: A Treatise in the Sociology of Knowledge. Oxford: Blackwell, 1967.

BERGER, Peter. *O dossel sagrado*: elementos para uma teoria sociológica da religião. São Paulo: Edições Paulinas, 1985.

_____. Some second thoughts on substantive versus functional definitions of religion. *Journal for the scientific study of religion*, 13(2), 1974.

BOFF, Leonardo. *Igreja, carisma e poder: ensaios de eclesiologia militante*. Lisboa: Editorial Inquérito, 1981.

BOURDIEU, Pierre. *Economia das trocas simbólicas*. São Paulo: Editora Perspectiva, 1986.

_____. *Outline of a theory of pratice*. Cambridge: Cambridge University Press (versão em português: *esboço de uma teoria da prática*), 1977.

BOWIE, Fiona. *The Anthropology of Religion*. Oxford: Blackwell, 2000.

BRAGA, Teófilo. *O povo português nos seus costumes, crenças e tradições*. Lisboa: Publicações Dom Quixote (publicação original, 1885), 2 v.

BURKERT, Walter. *A criação do sagrado*. Lisboa: Edições 70, 2001.

CAILLOIS, Roger. *O homem e o sagrado*. Lisboa: Edições 70, 1988.

CAZENEUVE, Jean. *Les rites et la condition humaine*. Paris: PUF, 1957.

CHAMPION, Françoise. Religiosidade flutuante, eclectismo e sincretismos. In: DELUMEAU, Jean (dir.). *As grandes religiões do mundo*. Lisboa: Editorial Presença, 1997.

CHAVOT, P. & POTIN, J. *ABCedário do cristianismo*. Lisboa: Público/Flamarion, 2003.

CLARKE, Peter (ed.). *Encyclopedia of New Religious Movements*. New York, Routledge, 2006.

_____. *The Oxford handbook of the sociology of religion*. Oxford, Oxford University Press, 2009.

COHN-SHERBOK, Dan. *Judaísmo*. Lisboa: Edições 70, 2000.

COSTA, Helder Santos. *O revivalismo islâmico*. Lisboa: Instituto Superior de Ciências Sociais e Políticas, 2001.

CRUZ, Manuel Braga da. *Teorias sociológicas* – os fundadores e os clássicos. Lisboa: Fundação Calouste Gulbenkian, 1989.

CUSH, D.; ROBINSON, C.; YORK, M. (eds.). *Encyclopedia of Hinduism*. New York: Routledge, 2006.

DELUMEAU, Jean (dir.). *As grandes religiões do mundo*. Lisboa: Editorial Presença, 1997.

DILLON, Michele. *Handbook of the sociology of religion*. Cambridge: Cambridge University Press, 2003.

DIX, Steffen. Da crítica à sociologia da religião: uma viragem e seu impacto sociocultural. *Revista Lusófona de Ciência das Religiões*. Ano IV, n. 9, 2006.

DOBBELAERE, Karel. *Secularization: an analysis at three levels*. Bruxelles: Peter Lang, 2002.

_____ & LAUWERS, Jan. Definition of religion: a sociological critique. *Social Compass*. XX, 4, 1973.

DOSTOIÉVSKI, Fedor. *Os irmãos Karamazov*. Lisboa: Edição Amigos do Livro, s/d.

DOUGLAS, Mary. *Natural symbols: explorations in cosmology*. New York: Pantheon, 1970.

DURKHEIM, Émile. De la définition des phénomènes religieux. *Journal Sociologique*. Paris: PUF, 1969.

_____. *As formas elementares da vida religiosa: o sistema totêmico na Austrália*. São Paulo: Martins Fontes, 1912/1996.

ELIADE, Mircea (ed.). *The encyclopedia of religion*. New York: Macmillan, 1987.

_____. *Tratado de história das religiões*. Porto: Edições Asa, 1994.

_____. *O sagrado e o profano: a essência das religiões*. Lisboa: Edição Livros do Brasil, 1999.

ELIAS, Jamal. *Islamismo*. Lisboa, Edições 70, 2000.

ESPÍRITO-SANTO, Moisés. *A religião popular portuguesa*. Lisboa: A regra do jogo, 1984.

EVANS-PRITCHARD, Edward. *Theories of primitive religion*. Oxford: Clarendon Press, 1965.

_____. *Antropologia social da religião*. Rio de Janeiro: Editora Campus, 1978.

FARIAS, J. J. Ferreira de et al. *Religião e violência*. Lisboa: Paulus/ Universidade Católica Portuguesa, 2002.

FARIAS, Miguel. *A psychological study of new age: practices and beliefs*. Tese (doutorado), Universidade de Oxford, Oxford, 2004, Policopiada.

FAURE, Bernard. *Budismos, filosofias e religiões*. Lisboa: Notícias Editoriais, 1999.

FERNANDES, António Teixeira. *Formas de vida religiosa nas sociedades contemporâneas*. Oeiras: Celta, 2001b.

FILLAIRE, Bernard. *As seitas*. Lisboa: Instituto Piaget, 1995.

FILORAMO, Giovanni & PRANDI, Carlos. *As ciências das religiões*. São Paulo: Paulus, 1998.

FIRTH, R. *Religion*. New York: Routledge, 1995.

FLANAGAN, Kieran. *The enchantment of sociology:* a study of theology and culture. London: Macmillan, 1999.

FLOOD, Gavin. *An introduction to Hinduism*. Cambridge: Cambridge University Press, 1996.

FRAZER, James. *The golden bough:* a study in magic and religion. New York: Macmillan, 1922.

FREUD, Sigmund. *The future of an Illusion*. London: Hogarth Press, 1962.

FULLER, Andrew Reid. *Psychology and religion:* eight points of view. Washington: University Press of America, 1977.

FURSETH, Inger & REPSTAD, Pal. *An introduction to the sociology of religion: classical and contemporary perspectives*. London: Ashgate, 2006.

FÜRSTENBERG, Friedrich. *Sociología de la religión*. Salamanca: Sígueme, 1976.

GARAUDY, Roger. *Religiões em guerra? O debate do século*. Lisboa: Editorial Notícias, 1998.

GEERTZ, Clifford. *A interpretação das culturas*. Rio de Janeiro: Zahar Editores, 1978.

GENNEP, Arnold van. *The rites of passage*. London: Routledge, 1960.

GIDDENS, Anthony. *Sociologia*. Lisboa: Fundação Calouste Gulbenkian, 1997.

GLUCKMAN, Max (ed.). *Essays on the ritual of social relations*. Manchester: Manchester University Press, 1962.

GONÇALVES, Amadeu Matos & RODRIGUES, Donizete. Medicina Popular: la enfermedad mental y la dimensión religiosa en el proceso de cura. In: A. ESPINA Barrio (ed.). *Conocimiento local, comunicación y Interculturalid*. Recife: Editora Masangana, 2006.

GYATO, Tenzin (Dalai-Lama). *Como um relâmpago rasgando a noite:* as grandes linhas do budismo. Lisboa: Instituto Piaget, 1998.

HAMILTON, Malcolm. *The sociology of religion:* theoretical and comparative perspectives, London: Routledge, 1999.

HARVEY, Peter. *An introduction to buddhism:* teachings, history and practices. Cambridge: Cambridge University Press, 1990.

HATTSTEIN, Markus. *World religions*, Köln: Könemann, 2004.

HERVIEU-LÉGER, Danièle. Faut-il Définir la Religion? Questions préalables à la construction d'une sociologie de la modernité religieuse. *Archives de Sciences Sociales des Religions*. 63(1), 1987.

_____. *La Religion Pour Mémoire*. Paris: Cerf, 1993.

_____. *O peregrino e o convertido:* a religião em movimento. Lisboa: Gradiva, 1993.

_____; & WILLAIME, Jean-Paul. *Sociologie et religion –* approches classiques. Paris: PUF, 2001.

HILL, Michael. *A sociology of religion*. London: Heinemann, 1973.

HINNELLS, John (ed.). *The routledge companion to the study of religion*. London: Routledge, 2005.

HOOD, R. et al. *The psychology of religion:* an empirical approach. New York: The Guilford Press, 1973.

HUNT, Stephen. *Religion in western society*. Basingstoke: Palgrave, 2002.

_____. *Alternatives religions:* a sociological introduction. Cambridge: Palgrave, 2003.

HUTTON, R. *The triumph of the moon: a history of pagan witchcraft.* Oxford: Oxford University Press, 1999.

ISAMBERT, François-André. *Rite et efficacité symbolique.* Paris: Cerf, 1979.

ITURRA, Raúl. *A religião como teoria da reprodução social.* Lisboa: Fim de Século.

KAYSERLING, Meyer. *História dos judeus em Portugal.* São Paulo: Pioneira Editora, 1971.

KÜNG, Hans. *O cristianismo:* essência e história, Lisboa: Círculo dos Leitores, 2004.

_____. *Religiões do mundo:* em busca dos pontos comuns. Lisboa: Multinova, 2005.

LALEYE, Issiaka-Prosper. As religiões da África negra. In: DELUMEAU, Jean (dir.). *As grandes religiões do mundo.* Lisboa: Editorial Presença, 1997.

LAMBERT, Yves. "La Tour de Babel" des définitions de la religion. *Social Compass*, 38(1): 73-85, 1991.

LEAL, João. *As festas do Espírito Santo nos Açores:* um estudo de antropologia social. Lisboa: Publicações Dom Quixote, 1994.

LEHMANN, Arthur C.; MYERS, James E.; MORO, Pamela. *Magic, Witchcraft and Religion:* an anthropological study of the supernatural. New York, McGraw Hill, 2000.

LÉVI-STRAUSS, Claude. *Structural anthropology.* New York: Basic Books, 1963.

_____. *O totemismo hoje.* Lisboa: Edições 70, 1986.

LEWIS, I. M. *Religion in context:* cults and charisma. Cambridge: Cambridge University Press, 1996.

LUCKMANN, Thomas. *La religión invisible:* el problema de la religión en la sociedad moderna. Salamanca: Ediciones Siguene, 1973.

_____. Theories of religion and social change. *The Annual Review of the Social Sciences of Religion*. V. 1, 1967.

_____ & BERGER, Peter. *Modernidade, pluralismo e crise de sentido*. Petrópoles: Vozes, 2004.

MALINOWSKI, Bronislaw. *Magia, ciência e religião*. Lisboa: Edições 70, 1988.

MARX, Karl. *Sobre a religião*. Lisboa: Edições 70, 1975.

MAUSS, Marcel. *Esboço de uma teoria geral da magia*. Lisboa: Edições 70, 2000.

McGUIRE, Meredith. *Religion: the social context*. Belmont, CA: Wadsworth, 2002.

MEISSNER, William. *Psychoanalysis and religious experience*. New Haven, Conn.: Yale University Press, 1984.

MERTON, Robert. *Social theory and social structure*. New York: Free Press, 1968.

MICHELET, J. *Satanism and witchcraft:* a study in medieval superstition. New York: Citadel, 1862/1965.

MORRIS, Brian. *Religion and anthropology:* a critical introduction, Cambridge: Cambridge University Press, 2006.

NUNES, Berta. *O saber médico do povo*. Lisboa: Fim de Século, 1997.

O'DEA, Thomas. Five dilemmas in the institutionalisation of religion. *Journal for the Scientific Study of Religion*. 1(1), 1961.

_____. *Sociologia da religião*. São Paulo: Livraria Pioneira Editora, 1969.

OLIVEIRA, Carlos Alberto Martins de. *Atitudes e comportamentos religiosos dos portugueses na atualidade*. Tese (Doutorado em Sociologia da Religião), Universidade de Évora, 1995.

OLIVEIRA, Ernesto Veiga de. *Festividades cíclicas em Portugal.* Lisboa: Publicações Dom Quixote, 1984.

OTTO, Rudolf. *O sagrado.* Lisboa: Edições 70, 1917/1992.

PACE, Enzo. New paradigms of popular religion. *Archives de sciences sociales des religions.* 64/1, 1987.

_____ & ACQUAVIVA, Sabino. *La sociologie des religions: problémes et perspectives,* Paris: Cerf, 1994.

_____. *Sociologia do Islã: fenômenos religiosos e lógicas sociais.* Rio de Janeiro: Vozes, 2005.

PAIS, José Machado. *Sousa Martins e suas memórias sociais:* sociologia de uma crença popular. Lisboa: Gradiva, 1994.

_____; VILLAVERDE Cabral, Manuel; VALA, Jorge (orgs.). *Religião e bioética.* Lisboa: Imprensa de Ciências Sociais, 2001.

PARSONS, Talcott. *Essays in sociological theory.* New York: Free Press, 1954.

_____. Introduction. In: WEBER, Max. *The sociology of religion.* London: Social Science Paperback/Methuen, 1966.

_____. *Sociological theory and modern society.* New York: Free Press, 1967.

PEREIRA, Pedro. *Peregrinos:* um estudo antropológico das peregrinações a pé a Fátima. Lisboa: Instituto Piaget, 2003.

PEREZ, Rosa Maria. *Reis e intocáveis:* um estudo do sistema de castas na Índia. Oeiras: Celta, 1994.

_____; SARDO, Susana; BRITO, Joaquim Pais de (coords.). *Histórias de Goa.* Lisboa: Museu Nacional de Etnologia, 1997.

PINA-CABRAL, João de. *Filhos de Adão, filhas de Eva:* a visão do mundo camponesa do Alto Minho. Lisboa: Publicações Dom Quixote, 1989.

PITT-RIVERS, Julian. Un rite de passage de la société moderne: le voyage aérien. In: CENTLIVRES, Pierre & HAINARD, Jacques (eds.). *Les rites de passage aujourd'hui.* Lausanne: L'Âge d' Homme, 1986.

RADCLIFFE-BROWN, A. R. *Estrutura e função nas sociedades primitivas.* Lisboa: Edições 70, 1989.

RAMOS, Gerardo Pastor. *Tributo al Cesar: sociologia de la religion.* Salamanca: Universidad Pontificia de Salamanca, 1992.

REDFIELD, Robert. *Peasant society and culture.* Chicago: University of Chicago Press, 1956.

ROBERTSON, Roland. *The sociological interpretation of religion.* Oxford: Blackwell, 1970.

RODRIGUES, Donizete. Nascer, casar e morrer em Outeiro: os ritos do ciclo de vida de uma aldeia rural da Beira Alta. *Antropologia Portuguesa.* V. 12, 1994.

_____. God, the Devil and Witches: religious practices in Portuguese peasant societies. In: _____ & DEL RIO, P. (eds.). *The religious phenomenon:* an inter-disciplinary approach. Madrid: Ed. Aprendizaje, 2000.

_____. *The God of the new millennium:* an introduction to the sociology of religion. Lisboa: Colibri, 2002.

_____ (org.). *Em nome de Deus:* a religião na sociedade contemporânea. Porto: Afrontamento, 2004a.

_____. *O terreiro das bruxas: o religioso no maravilhoso popular.* Covilhã: Editora da Universidade da Beira Interior, 2004b.

_____. Manifestações culturais, ritos de passagem, sítios e referências de Portugal. In: CRISTÓVÃO, Fernando (coord.). *Dicionário temático da lusofonia.* Lisboa: Texto Editores, 2005.

_____. *Sociologia da Religião:* uma introdução. Porto: Afrontamento, 2007.

_____ et al. Bruxas, médius e curandeiras em terras da Cova da Beira: um estudo de caso (Fundão). *Anais Universitários* (UBI). N. 6, 1995.

_____ & RIO, Pablo del (eds.). *The religious phenomenon:* an inter-disciplinary approach, Madrid: Ed. Aprendizaje, 2000.

RUTHVEN, Malise. *Islam:* a very short introduction. Oxford: Oxford University Press, 1997.

SANCHIS, Pierre. *Arraial: festa de um povo* – as romarias portuguesas. Lisboa: Edições Dom Quixote, 1983.

SANTONI, Eric. *El budismo.* Madrid: Acento Editorial, 1994.

SCHWARZ, Samuel. *Os cristãos-novos em Portugal.* Lisboa: Instituto de Sociologia e Etnologia da Religião/Universidade Nova de Lisboa, 1993.

SED-RAJNA, Gabrielle. *ABCedário do judaísmo.* Lisboa: Público, 2003.

SEGAL, Robert (ed.). *The blackwell companion to the study of religion.* Oxford: Blackwell, 2006.

SEGALEN, Martine. *Ritos e rituais.* Mem Martins: Publicações Europa-América, 2000.

SELIGMANN, Kurt. *Magia, sobrenatural e religião.* Lisboa: Edições 70, 2002.

SIMMEL, Georg. *Essays on religion.* New Haven: Yale University Press, 1997.

SINGH, Chitralekha & NATH, Prrem. *Hindu manners, customs and ceremonies.* New Delhi: Crest Publishing House, 1999.

SOLOMON, Norman. *Judaism: a very short introduction.* Oxford: Oxford University Press, 1996.

SPRENGER, Jabob & KRAMER, Heinrich. *Malleus Maleficarum* (introdução, bibliografia e notas de Montague Summers). London: Prushkin Press, 1948.

STAMM, Anne. *Las religiones africanas.* Madrid: Acento Editorial, 1995.

STARBUCK, Edwin. *The psychology of religion: an empirical study of the growth of religious consciousness.* London: Walter Scott, 1899.

SUMMERS, Montague. *História da bruxaria.* Mem Martins: Livros de vida, 1998.

SWATOS, William (ed.). *Encyclopedia of religion and society.* London: Altamira Press, 1998.

SZASZ, Thomas. *A fabricação da loucura:* um estudo comparativo entre a Inquisição e o movimento de saúde mental. Rio de Janeiro: Editora Guanabara, 1984.

SZLAKMANN, Charles. *Judaísmo para principiantes.* Lisboa: Publicações Dom Quixote, 1998.

TAROT, Camille. *De Durkheim à Mauss: l'invention du symbolique.* Paris: Éditions la Découverte, 1999.

TEIXEIRA, Faustino (org.). *Sociologia da religião: enfoques teóricos.* Petrópolis: Editora Vozes, 2003.

THORAVAL, Yves. *ABCedário do Islão.* Lisboa: Público, 2003.

TROELTSCH, Ernest. *The social teaching of the Christian churches.* London: George Allen & Unwin, 1931.

TURNER, Victor. *O processo ritual: estrutura e anti-estrutura*, Rio de Janeiro: Editora Vozes, 1974.

TURNER, Bryan. *Religion and social theory.* London: Sage, 1991.

TINCQ, Henri. A expansão dos extremismos religiosos no mundo. In: DELUMEAU, Jean (dir.). *As grandes religiões do mundo.* Lisboa: Editorial Presença, 1997.

_____. *Os gênios do cristianismo: histórias de profetas, de pecadores e de santos.* Lisboa: Gradiva/Público, 1999.

VALLET, Odon. *As religiões no mundo.* Lisboa: Instituto Piaget, 1996.

VERGOTE, Antoine. Religion after the critique of Psychoanalysis. *The Annual Review of the Social Sciences of Religion.* V. 4, 1980.

VERNON, Gleen. *Sociology of religion.* New York: McGraw-Hill, 1962.

VILAÇA, Helena. *Da torre de Babel às terras prometidas:* pluralismo religioso em Portugal. Porto: Afrontamento, 2006.

WACH, Joachim. *Sociology of religion.* Chicago: University of Chicago Press, 1944.

WAINES, David. *An introduction to Islam*, Cambridge: Cambridge University Press, 1995.

WALLACE, Anthony. *Religion: an anthropological view*. New York: Random House, 1966.

WEBER, Max. *The theory of social and economic organization*. New York: Oxford University Press, 1947.

_____. *Sociología de la religión*, Madrid: ISTMO, 1997.

_____. *A ética protestante e o espírito do capitalismo*. Lisboa: Editorial Presença, 2001.

WIEMAN, Henry Nelson & WESTCOTT-WIEMAN, Regina. *Normative psychology of religion*. Westport, Connecticut: Greenwood Press, 1971.

WILLAIME, Jean-Paul. *Sociologie des religions*. Paris: PUF, 1995.

WILSON, Bryan. *Contemporary transformations of religion*. Oxford: Oxford University Press, 1976.

_____. *Religion in sociological perspective*. Oxford: Oxford University Press, 1982.

_____ (ed.). *Religion: contemporary Issues* – The All Souls College Seminars in the Sociology of Religion. London: Bellew, 1992.

WOODHEAD, Linda. *Christianity:* a very short introduction. Oxford: Oxford University Press, 2005.

_____; HEELAS, Paul. *Religion in modern times:* an interpretative anthology. Oxford: Blackwell, 2000.

YAO, Xinzhong (ed.). *Encyclopedia of confucionism*. New York: Routledge, 2003.

YINGER, Milton. *Religion, société, personne*. Paris: Éditions Universitaires (em inglês: *Religion, society and the Individual:* an introductory to the sociology of religion*)*, 1964.

_____. *The scientific study of religion*. New York: Macmillan, 1970.

ZUCKERMAN, Phil. *An invitation to sociology of religion*. London: Routledge, 2003.